书山有路勤为径,优质资源伴你行
注册世纪波学院会员,享精品图书增值服务

# FACILITATING ACTION LEARNING
## A Practitioner's Guide

# 行动学习催化秘籍

[英] 迈克·佩德勒（Mike Pedler）著
克里斯蒂娜·阿博特（Christine Abbott）
唐长军 唐宇鹰 霍炜 苏靖然 译

电子工业出版社
Publishing House of Electronics Industry
北京·BEIJING

Mike Pedler, Christine Abbott

Facilitating Action Learning: A Practitioner's Guide

9780335245970

Copyright © Mike Pedler and Christine Abbott, 2013 by McGraw-Hill Education.

All rights reserved. No part of this publication may be reproduced or transmitted in any form or by any means, electronic or mechanical, including without limitation photocopying, recording, taping, or any database, information or retrieval system, without the prior written permission of the publisher.

This authorized Chinese translation edition is published by Publishing House of Electronics Industry Co., Ltd. in arrangement with McGraw-Hill Education (Singapore) Pte. Ltd. This edition is authorized for sale in the People's Republic of China only, excluding Hong Kong, Macao SAR and Taiwan.

Translation Copyright © 2024 by McGraw-Hill Education (Singapore) Pte. Ltd and Publishing House of Electronics Industry Co., Ltd.

版权所有。未经出版人事先书面许可，对本出版物的任何部分不得以任何方式或途径复制传播，包括但不限于复印、录制、录音，或通过任何数据库、信息或可检索的系统。

此中文简体翻译版本经授权仅限在中华人民共和国境内（不包括香港特别行政区、澳门特别行政区和台湾）销售。

翻译版权 © 2024由麦格劳-希尔教育（新加坡）有限公司与电子工业出版社所有。

本书封面贴有McGraw-Hill Education公司防伪标签，无标签者不得销售。

版权贸易合同登记号　图字：01-2023-4175

图书在版编目（CIP）数据

行动学习催化秘籍 ／（英）迈克·佩德勒 (Mike Pedler)，（英）克里斯蒂娜·阿博特 (Christine Abbott) 著；唐长军等译. -- 北京：电子工业出版社, 2025. 1. -- ISBN 978-7-121-49046-0

Ⅰ. G442

中国国家版本馆CIP数据核字第20241QG750号

责任编辑：杨洪军
印　　刷：三河市良远印务有限公司
装　　订：三河市良远印务有限公司
出版发行：电子工业出版社
　　　　　北京市海淀区万寿路173信箱　邮编100036
开　　本：720×1000　1/16　印张：14.75　字数：236千字
版　　次：2025年1月第1版
印　　次：2025年1月第1次印刷
定　　价：65.00元

凡所购买电子工业出版社图书有缺损问题，请向购买书店调换。若书店售缺，请与本社发行部联系，联系及邮购电话：（010）88254888，88258888。

质量投诉请发邮件至zlts@phei.com.cn，盗版侵权举报请发邮件至dbqq@phei.com.cn。

本书咨询联系方式：（010）88254199，sjb@phei.com.cn。

# 推荐序

## 深化行动学习,你必须掌握的催化秘籍

### 为什么要阅读这本书

在当前这个快速变化的时代,市场竞争日益激烈,组织若想保持竞争优势,就必须不断学习和适应。组织的管理者在对市场的洞察、对客户的了解、对相关合作方协同的推动等方面,都面临着个人、团队、跨部门组织的种种挑战。而行动学习作为一种强大的组织学习工具,正越来越受到企业的青睐和欢迎。它强调"在做中学,在学中做",通过解决真实问题来推动个人和组织的成长。然而,如何有效地开展行动学习项目并实现其预期目标,一直是实践者面临的挑战。

这本书正是为了应对这一挑战而编写的。它由英国行动学习领域的资深专家迈克·佩德勒和克里斯蒂娜·阿博特合著,并由唐长军老师领衔的百年基业团队精心翻译,为读者呈现了一场关于行动学习的思想和实践的盛宴。

本书并非一本简单的经典行动学习手册,而是深入探讨了行动学习的起源、原则、实践者和组织学习教练等核心概念,并结合大量案例,为读者提供了极具启发性的思考框架和实用工具。

### 如何更好地阅读这本书

本书共八章。如果想了解行动学习的起源、原则和目的,以及行动学习催化师角色的构成,可以关注本书的第1~5章。书中对于催化师的三个角色进行了阐述:

1. 助产士/项目设计顾问。关注行动学习的启动和设计,包括组织准备

度评估、获取高层支持、小组成员招募、挑战选择、项目结构设计以及评估方法等。

2. 团队引导者。与行动学习小组一起工作，帮助小组建立自我催化能力，通过提问、倾听、支持、挑战等方式，促进小组的学习和行动。

3. 组织学习教练。关注组织层面的学习和发展，通过建立学习架构、促进深度汇谈、拓展学习圈等方式，推动组织学习。

除了以上三个行动学习催化师的核心角色，本书还探讨了批判式行动学习、行动学习式的工作方式以及行动学习催化师的实践发展等理念。读者可以关注本书的第6~8章，相信这几章的阅读可以增强你的行动学习理论基础，帮助你更好地结合实际工作来理解行动学习背后的学习假设、难题解决的逻辑、组织开展行动学习项目的关键要素等。

本书对组织内部培训经理、总监、组织发展顾问等职业发展者的价值有哪些

通过阅读这本书，组织内部的培训经理、总监、组织发展顾问等职业发展者将获得以下几个方面的收益：

- 提升专业能力。本书深入探讨了行动学习的核心概念和催化师的三个角色，并结合大量案例，为读者提供了极具启发性的思考框架和实用工具，帮助读者提升行动学习催化技能，更好地服务于企业培训需求。

- 推动组织学习。书中强调了行动学习与组织学习的关系，并探讨了如何将行动学习应用于组织学习，推动组织层面的学习和发展，提升组织的整体竞争力。

- 促进个人成长。本书鼓励催化师进行反思性实践，并通过与其他催化师组建小组、进行协作等方式，创建自己的实践旅程，促进个人成长和发展。

- 应对实践挑战。书中探讨了批判式行动学习、行动学习式的工作方

式等新兴议题，帮助读者应对行动学习实践中的各种挑战，推动行动学习的深入发展。

**感谢为本书翻译校对的唐长军老师及翻译团队**

在此，我要特别感谢唐长军老师及百年基业团队的翻译与校对工作。我与唐长军老师相识已近20年，他始终致力于行动学习的研究和实践，并为中国行动学习的发展做出了巨大贡献。本书的翻译工作不仅展现了他们对行动学习的热爱和坚持，更体现了他们对读者负责的专业精神。我相信，这本书将成为组织内部的培训经理、总监、组织发展顾问等职业发展者的重要学习资源。它将帮助读者更容易深入理解行动学习的精髓，并将其应用于实践，以行动学习催化师的专业角色在实践过程中推动组织学习和发展，实现组织业绩的可持续增长。

最后，我想说"行动学习"让学习成为工作的一部分，实践出真知！期待与你共同探索行动学习的无限可能，一同开启这本书的阅读与实践之旅！

朱伟正

《培训》杂志主编

# 译者序

## 心智蜕变之旅：行动学习助力内在成长的力量

在业界深耕行动学习领域20年，我深感荣幸能与我的团队共同承担这本书的翻译重任。我们团队凭借对行动学习理论与实践的深刻理解，充分认识到本书对于行动学习实践者的重要性。在翻译过程中，我们致力于行动学习专业术语的精准与流畅，确保能够精确传达原作者的意图和理论精髓。我们的目标是通过高质量的翻译工作，为国内的行动学习实践者提供一本既专业又实用的行动学习指导手册，以促进行动学习的发展和实践者的专业成长。

最早结识本书的作者克里斯蒂娜·阿博特女士和迈克·佩德勒先生是在2013年，我被他们深厚的行动学习理论功底和实践经验所折服，同时，也被他们专注行动学习30多年却热情不减的初心所鼓舞。2014年，为了深入探索国际行动学习体系并追寻其根源，我们团队在2014—2016年踏足行动学习之父雷格·瑞文斯的故乡——英国。我们沿着瑞文斯的足迹，访问了他的母校剑桥大学、他曾经工作过的卡文迪许实验室、他所属的贵格会教会，以及位于曼彻斯特的瑞文斯行动学习学院。此外，我还两次参加了国际行动学习论坛，并向来自世界各地的国际行动学习资深专家介绍了中国最新的行动学习实践经验。

截至目前，我们团队引入并翻译了8本国际行动学习专业著作和6本引导技术相关书籍，足迹遍布英国、瑞典、美国、日本、新加坡等地，与多个流派的行动学习大师进行了深入的交流和学习。这些国际性的学习和交流经历让我清晰地界定了行动学习的范畴，并深刻领悟了行动学习的核心原则。

在与克里斯蒂娜·阿博特女士的多次深度交流中,我深切感受到了行动学习的核心远超过了解决问题和提升绩效,其真正的精髓在于促进组织和个体思维方式和心智模式的转变,以及推动个人和集体内在的成长。这本书的内容恰恰反映了这一核心理念。

经过二十余年的发展,中国的行动学习已经进入了一个深化创新发展的阶段。然而,目前大家普遍过于重视团队共创、问题解决和绩效提升,而在心智模式的成长上投入关注不够。基于这样的考虑,我决定在2024年对这本书进行第二次升级翻译,目的是更好地引导行动学习实践者深入探索心智成长的领域。

这本书具有以下四大显著特色:

1.正本清源,集大成之作。本书由瑞文斯的亲传弟子迈克·佩德勒和克里斯蒂娜·阿博特撰写,融合了瑞文斯的思想精髓与最新的发展应用。它系统性地阐述了行动学习的哲学原理、源流、概念、适用范围和操作细节,是行动学习各流派经典做法的集大成者。本书"正本清源",帮助读者"知其然并知其所以然",对于初识行动学习的人来说,它是了解其本源的不可或缺的经典之作。

2.三大角色,方法落地。本书详细介绍了行动学习催化师的三个核心角色:助产士/项目设计顾问、团队引导者和组织学习教练。各章节围绕这些角色,详细讲解了核心工作任务,绘制了催化师能力进阶地图,并提供了丰富的工具和方法,确保了内容的实用性和可操作性。这些角色与行动学习项目流程紧密结合,为行动学习爱好者提供了直接的技术支持。

3.真实案例,实操印证。全书贯穿了大型公司的实际应用案例,从项目准备与启动到设计细节,再到小组催化技术的操作手法,以及推动组织学习发展的沟通技巧,通过案例分析和问题解决,全面展现了行动学习的技术要领。结合催化师的三大角色,这些案例不仅有助于读者更好地理解相关知识和技能，也为实践行动学习项目提供了直接的技术参考。

4.前沿思考，与时俱进。除了经典理论，书中还包括批判式行动学习和虚拟行动学习等前沿章节。批判式行动学习是一种挑战和突破思维模式局限的有效工具，而虚拟行动学习则是网络时代下行动学习的新形式，也是近年来的热门话题。本书结合学术研究与实践经验，所述的行动学习催化师能力与要求已成为英国专业标准，是全球公认的行动学习催化师标准读物。建议读者细心阅读，相信在行动学习的理念、角色、流程、方法和实践等方面都会有所突破和成长。

最后，我想说，翻译这本书的过程，不仅是对我个人专业能力的提升，更是一次深刻的知识探索和智慧启迪。我也要向我的翻译团队成员唐宇鹰（负责第3~4章）、霍炜（负责第5~6章）、苏靖然（负责第7~8章）三位资深行动学习催化师，表达最诚挚的谢意。没有他们的辛勤工作和专业贡献，这本书的翻译工作无法顺利完成。同时，我特别感谢电子工业出版社经管分社总编辑晋晶以及团队，他们为这本书的出版提出了很多宝贵的专业意见。没有他们的信任和支持，本书就无法顺利出版。

同时，我要向所有选择阅读这本书的读者表达最深的感谢。你们的阅读是对我们工作最大的认可和支持。我希望这本书的翻译能够成为你们理解行动学习理念、掌握实践技巧的桥梁，帮助你们在催化师的职业生涯中取得新的成就。

我非常鼓励读者积极分享阅读本书后的反馈和感悟。你们的每一条建议和感悟都是我们前进的动力，也是我们不断优化和提升翻译质量的宝贵资源。通过行动学习，我们相信能够携手推动组织和个人的持续成长，共同创造一个更加美好的未来。

我们也深知，在翻译和创作的过程中，尽管我们竭尽全力，但由于知识和经验的局限性，书中可能存在不足和疏漏之处。我们诚挚地邀请读者不吝赐教，提出宝贵的批评和指正。你们的意见将是我们改进和完善的宝贵财富。

如果有任何建议，欢迎与译者本人联系。邮箱：tangchangjun@ISFAL.com。我们将认真阅读每一封邮件，并珍视每一份反馈。再次感谢你们的支持与厚爱，期待与你们在行动学习的道路上共同进步。

唐长军

百年基业创始合伙人

国际行动学习协会（ISFAL）联合发起人

2024年10月

# 中文版序

## ——致中国的读者

我很高兴向中国读者推荐这本书。我有幸在中国推广行动学习已超过12年，欣喜地看到了行动学习对中国企业的积极影响。行动学习的目的非常简单——支持变革和解决组织中的重大问题。与此同时，领导者也通过相互挑战和提高自己的领导标准来促进自我思维和能力的发展。像所有简单但有效的想法一样，行动学习有时实施起来也充满挑战，需要有技能的人成为变革的催化剂。

迈克·佩德勒和我相识于30多年前，当时我在英国最大的组织从事行动学习工作，从那时起我们就一直合作。我们一直在关注如何有效克服实施行动学习项目的各种挑战，我们在这本书中分享了我们在这方面的很多经验，并希望为你实践行动学习提供指导和帮助。

在这本书中，我们详细阐明了行动学习项目设计的过程，并帮助那些渴望实践行动学习的催化师熟练掌握行动学习创始人雷格·瑞文斯提出的从新手到专家的三个角色，这三个角色对行动学习项目的成功至关重要。

我们欢迎你的想法和经验，并乐意听取你的意见，也许还可以帮助你撰写自己的实践报告，请发送电子邮件至我们的地址：christine@centreforactionlearning.com。

祝行动学习在中国蓬勃发展！

克里斯蒂娜·阿博特[1]

---

[1] 克里斯蒂娜·阿博特是国际行动学习协会（ISFAL）的现任主席，一直致力于在全球和中国推广行动学习。她是国际行动学习中心（CFAL）的创始人，并且是《行动学习研究与实践》（ALRP）杂志的编委会成员。

# 目录

引言 / 001

  学习如何把事情做对 / 003

  本书概览 / 004

  本书特色 / 007

## 第1章　行动学习：起源与原则 / 009

  本章概览 / 010

  章节内容 / 010

  介绍 / 011

  什么是行动学习 / 011

  行动学习的起源 / 016

  行动学习的抱负 / 017

  行动学习的目的 / 020

  哪些不是行动学习 / 022

  所以，行动学习的本质是什么 / 023

  现在，行动学习变成了什么 / 025

  对行动学习催化师来说，所有这些都意味着什么 / 026

  我的实践笔记1 / 027

## 第2章　行动学习催化：概述 / 028

  本章概览 / 029

  章节内容 / 029

介绍　/ 030

瑞文斯对于催化的看法　/ 031

行动学习催化师的三大角色　/ 032

自我管理式行动学习　/ 037

催化师的崛起势不可挡　/ 040

学习成为一名行动学习催化师　/ 041

我的实践笔记2　/ 043

## 第3章　助产士：启动行动学习　/ 044

本章概览　/ 045

章节内容　/ 046

介绍　/ 046

组织准备度　/ 048

得到高层的支持和承诺了吗　/ 050

设计行动学习　/ 054

谁应该成为小组成员　/ 055

应该如何选择挑战和难题　/ 057

行动学习项目　/ 061

评估行动学习　/ 065

我的实践笔记3　/ 068

## 第4章　团队引导者：实施行动学习　/ 073

本章概览　/ 074

章节内容　/ 075

介绍　/ 075

小组筹备　/ 079

为小组会议创建空间　/ 081

基本规则　/ 081

会议流程　/ 083

焦点：行动学习有何不同　/ 083

支持和挑战　/ 085

提问　/ 086

反思、回顾、记录　/ 089

结尾　/ 093

虚拟行动学习　/ 094

我的实践笔记 4　/ 102

## 第5章　组织学习教练：深化行动学习　/ 108

本章概览　/ 109

章节内容　/ 109

介绍　/ 110

发展学习型组织　/ 110

发展组织学习　/ 113

学习架构　/ 116

结论　/ 124

我的实践笔记 5　/ 125

## 第6章　成为批判者　/ 133

本章概览　/ 134

章节内容　/ 134

介绍　/ 135

批判式行动学习案例　/ 136

批判式行动学习=行动学习+批判性社会理论　/ 138

批判式行动学习长什么样　/ 141

寻求组织洞见…… / 146

……和批判性空间 / 147

鼓励批判式反思 / 148

批判反思性实践 / 151

批判性思考：阴暗面 / 154

行动学习者是温和的激进者 / 155

结论 / 156

我的实践笔记6 / 158

## 第7章 一种行动学习式的工作方式 / 159

本章概览 / 160

章节内容 / 160

介绍 / 161

行动学习的目的 / 162

催化型领导力 / 166

发展伙伴关系 / 169

创建知识社区 / 172

人际网络组织 / 174

为时代的需求而组织 / 183

我的实践笔记7 / 185

## 第8章 发展你的实践 / 186

本章概览 / 187

章节内容 / 187

介绍 / 188

成为一名行动学习催化师 / 189

反思性实践 / 191

焦虑 / 197
管理你的权力 / 200
专业发展的节奏 / 201
我的实践笔记 8 / 208

# 参考文献 / 209

# 致谢 / 217

# 引 言

我们是在1988年的一次行动学习小组中认识的。那时，克里斯蒂娜·阿博特是一位参与者，即将失业，而迈克·佩德勒则是行动学习催化师。20年后，因为一个领导力项目，我们又走到了一起，协同工作。在这个领导力项目中，一些行动学习小组抱怨他们的催化师所开展的工作并不恰当（Pedler & Abbott，2008a；2008b）。我们参与了这个项目，但同样也感到非常困惑：作为行动学习催化师，我们怎样才能知道我们什么时候"做对"了呢？

这个疑问正是本书的源起。我从事了多年的行动学习工作，而且一直把担当团队引导者这个角色当作一件想当然的事情，而没有顾及瑞文斯的警告。现在，我却有了一些不同的感受。无论这个角色现在多么流行，它仍然并不明确。为什么会出现这种情况呢？让我们从瑞文斯对于行动学习的远大抱负开始说起吧。瑞文斯并不仅仅把这个方法看作个人发展的方法，而且还把它看作组织和社会革新的途径。当我们发现瑞文斯对于他所实施的行动学习的本质给予了各种不同的定义时，这项工作的困难性就进一步加大了。这些定义留给我们许多疑问，让我们不断地自问：我们是否在正确地进行行动学习？作为行动学习的实践者，我们似乎需要定期相互提问："我们做得对吗？"

在世界各地的不同领域，行动学习的需求正在不断增长，这进一步强化了对这一疑问的重要性。科研、管理和组织领域都出现了"行动导向"的趋势，强调在行动背景下产生知识的价值。虽然不能说是大多数，但可以说许多管理、领导力和组织发展项目，现在都包含了某种形式的行动学习。

"融入"这个词引发了很多问题。行动学习基于改变和解放的哲学理念，这使得它能够适应常规的组织结构。

例如，如果行动学习是项目的首选方法，那么参与者的"自愿性"又如何体现？瑞文斯关于"行动学习的典型假设"的第五条指出：学习是自愿的（Revans，2011:5）。参与者是被要求参加项目，还是被邀请，抑或是被派遣来的呢？问题往往从这里开始。如果参与者是自愿的，项目就可以顺利进行，行动学习的目标就非常明确。但如果参与者是被迫的或消极的，我们就会怀疑项目中的努力能否真正取得成功。因此，行动学习催化师最好在人们被邀请或小组成立之前就开始工作。

## 学习如何把事情做对

行动学习没有一个严格的定义，这主要是因为行动学习在实践中有多种不同的形式。它不是一个有固定和通用程序的简单方法论，而是一种以核心价值观为基础的学习方法和工作方式，不同的实践者有不同的应用。这种状况在很多情况下是积极的，因为它可以保持行动学习的新鲜感和创造性，但同时也有其消极的一面。每个人都可以声称自己在做"行动学习"，并将其标签贴在他们所售卖的任何商品上。最近，我们遇到了一个例子，某人参加了一个"行动学习小组"，小组的研讨过程完全由管理层主导，其他参与者因"时间不足"而没有发言机会。在另一个例子中，参与者带来了他们的"课题"或难题，但引导者承担了全部提问功能，以"示范"这种技能。行动学习小组被迫参与领导力发展项目，但人们真的能从对"难以处理的组织难题"所采取的行动中得到学习和提升吗？

这些不安的情绪已经存在一段时间了。我们特别关注行动学习催化师的发展。行动学习的增长带动了对催化师需求的增长。为了满足这一需求，针对行动学习催化师的训练课程也出现了爆发式的增长。尽管许多此类项目帮助人们提升了引导技能，但它们通常假设行动学习就是某种形式的小组工作。我们认为，尽管行动学习会涉及小组形式的工作，但它远不止于此。我们还认为，尽管没有一种实施行动学习项目的唯一正确方式，正如戴维·凯西（David Casey）所说的，每个人都不得不"重新发明自己的实践之轮"，但在实施行动学习时，仍然存在正确和错误的方法之分。

首先，实践瑞文斯的行动学习需要对这个概念有信念，理解其含义，并具备在特定情境中进行解释的能力。在瑞文斯看来，行动学习不单是一种小组学习方法，更是一种推动组织和社会进步的手段。个人发展是其观点的核心，这是他人类行为理论的一部分，旨在促进人类系统的改进。这种改进可以使工作其中的人受益，而这些受益者也正是提供这些益处的人。这意味着，除了团队引导技能，还有两个重要的小组活动：建立和推动行动学习过程，以及在更广泛的组织或系统中推广分享和学习。

从事这项艰巨的工作，行动学习实践者需要持续地进行个人发展，以自己的方式。反思式实践和批判式反思的习惯，对于保持诚实和完成高质量工作都是至关重要的。正如其他行动学习者一样，催化师也会从同伴的支持中获益。这种支持的最佳来源是催化师小组或引导者小组，这些小组提供了一个平台，使实践者可以互相提问："我做得对吗？"

## 本书概览

本书的核心理念是：作为行动学习催化师，其职责不仅限于为小组提供引导。实际上，根据我们的模型（见图0-1），这个角色是三个角色中最为简明的，并且最容易代表其他两个角色。本书将按照模型的顺序展开，首先介绍瑞文斯的行动学习理念和三个角色的概述，然后依次深入探讨批判式行动学习、行动学习作为一种普遍工作方式，以及行动学习实践者的持续发展。

行动学习催化师的三角色：
1. 助产士/项目设计顾问角色 发起行动学习
2. 团队引导者角色 与团队一起工作
3. 组织学习教练角色 促进组织与个体学习

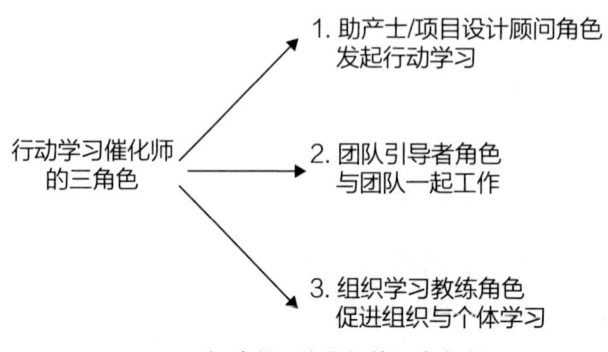

图0-1 行动学习催化师的三个角色

我们鼓励你利用本书来解答自己作为积极参与者的疑惑。每一章都介绍了不同的思想和观念，并提供了机会让你联系自己的实践进行批判式反思。通过与他人分享，你可以更好地反思自己的想法和经验及其对实践的影响。书中各章提出了多种分享方式，供你参考。

本书的八章内容如下。

**第1章 行动学习：起源与原则** 本章作为导入章节，介绍了瑞文斯是如何提出行动学习这一概念及其核心原则的。行动学习旨在解决组织和社会面临的"棘手问题"，涵盖 $\alpha$、$\beta$ 和 $\gamma$ 三个系统，即决策或战略系统、沟通或影响循环，以及每位行动学习者所经历的独特学习过程。

与所有章节一样，为了阐释这些观点，我们提供了一些案例和活动供你亲自尝试。本章以"我的实践笔记"结束，旨在邀请你反思与自己实践相关的内容，此类"我的实践笔记"将在每章末尾出现。

**第2章 行动学习催化：概述** 本章探讨了瑞文斯的基本思想对引导带来的挑战。小组需要一个同伴学习的社区，成员对自己的行动和学习负责，这对任何催化师来说都是一个有趣的挑战。本章基于前文（见图0-1）介绍的模型，内容包括对三个角色的概述：助产士/项目设计顾问、团队引导者和组织学习教练，第3、4、5章将进一步阐述这些角色。本章还讨论了自我管理式行动学习，并思考了我们是否需要催化师，以及如果没有催化师，我们该如何进行等问题。

**第3章 助产士：启动行动学习** 瑞文斯认为，助产士角色是行动学习催化师工作中最清晰的一个角色。为了给行动学习一个顺利开展的机会，创造合适的条件至关重要。例如，认同组织的挑战待解决，寻找高层人才担任发起人和客户，确保小组成员是自愿加入的。这项起始工作与系统中更广泛的发展密切相关，而这种发展正是行动学习催化师角色的第三部分（见第5章）。助产士必须牢记组织学习的设计，因为行动学习在系统中的广泛发展在很大程度上依赖于早期的工作。

本章以戴勒（Deller）商业服务公司案例（一个互动式案例，分为三个部分）的第一部分结束，该案例将依次出现在第3、4、5章中。戴勒商业服务公司案例描述了一个行动学习应用实例，我们将邀请你参与案例，测试你的技能。

**第4章 团队引导者：实施行动学习** 行动学习催化师角色中最让人熟知的部分是与小组共同工作，协助小组成为行动、反思和学习的强大而有效的力量。这包括鼓励关键技能的发展，如问题陈述、倾听、提问、反思和行动等。这主要是通过持续关注小组，并鼓励成员相互支持和挑战来实现的。在此角色中，一个关键环节是，随着小组成员信心的增强，开始承担自我引导的功能，团队引导者应逐步退出小组。本章还涉及了虚拟行动学习的内容，这是团队引导的一个重要新发展。本章以戴勒商业服务公司案例的第二部分结束。

**第5章 组织学习教练：深化行动学习** 这是行动学习催化师角色中最具挑战性，同时也是最具潜力的部分。瑞文斯认为，组织是一个学习型社区，每位成员都能从中学习，并且相互学习。通过小组与发起管理者之间的互动，行动学习催化师能够促进学习对话，带来有益的变化。本章包含了创建"组织沟通的缓冲地带"以及促进组织学习和更广泛的专业学习的案例、建议和活动。本章还包括了戴勒商业服务公司案例的最后一部分，邀请你通过这个案例检验自己作为行动学习催化师的知识和技能。

**第6章 成为批判者** 批判式行动学习是一个重要的发展，它帮助行动学习者超越组织和文化环境，提出更根本的问题。由于行动学习的适应性，它很容易服务于组织计划，但在实践中，行动学习可能会偏离瑞文斯的基本原则，最终维持现状而非促进学习和改变。批判式行动学习超越了"普通的批判"，质疑现有的实践、结构和权力关系。本章通过区分有效实践、反思性实践和批判性反思实践来实现这一目标。本章包括了一些案例插图，并为在小组中实施批判式行动学习提供了练习活动，目的是帮助行动学习者成为"温和的激进者"。

**第7章 一种行动学习式的工作方式** 本章提出了将行动学习作为一种更广泛的协作组织和工作方式的模式。行动学习小组鼓励人们跨越组织和专业界限，连接不同部分，并对涉及人际关系质量的"社会资本"做出贡献。许多案例研究和实例展示了行动学习如何帮助人们发展领导力、伙伴关系和人际网络。有人认为，行动学习的目标、价值观和方法本身就能赋予他们一种组织视野，使行动学习在这些组织中被视为一种常规的工作方式。这是一项长期事业，但有抱负的行动学习催化师被邀请审视自己通过催化型领导力、组织人际网络和行动学习工作方式的三重实践，为构建更有效的组织所做出的贡献。

**第8章 发展你的实践** 成为一名行动学习催化师的过程可能包括训练或教育，但肯定需要在自我开发方面付出更多努力。通过反思自己的行动和学习，一个人可以逐步学会描述自己的实践，并看到实践是如何得到改进的。我们提供了"知道、做到与得到"模型，作为一种框架性专业实践的途径和专业发展的节奏——这是一个体验、反思、阅读和写作的循环，我们建议将其作为持续性实践发展的途径。本章还完成了管理焦虑和权力的任务，讨论了如何减少焦虑以及对权力进行深入反思的观点。本章内容是从行动学习催化师的实践中提炼出来的。

## 本书特色

- 本书所描述的行动学习不是一种技术手段，而是一种组织和工作协同的模式。
- 行动学习催化师的角色涵盖三个方面：助产士/项目设计顾问、团队引导者和组织学习教练。
- 本书始终强调实践的重要性，鼓励读者发展自己的实践，以提升个人和职业素养。
- 批判性反思被认为是行动学习实践发展的核心。
- 本书的风格旨在挑战和鼓励读者,同时传达行动学习的精神和理念。
- 每章都结合了实践思路、模型、活动以及进一步的资源和开发建议。

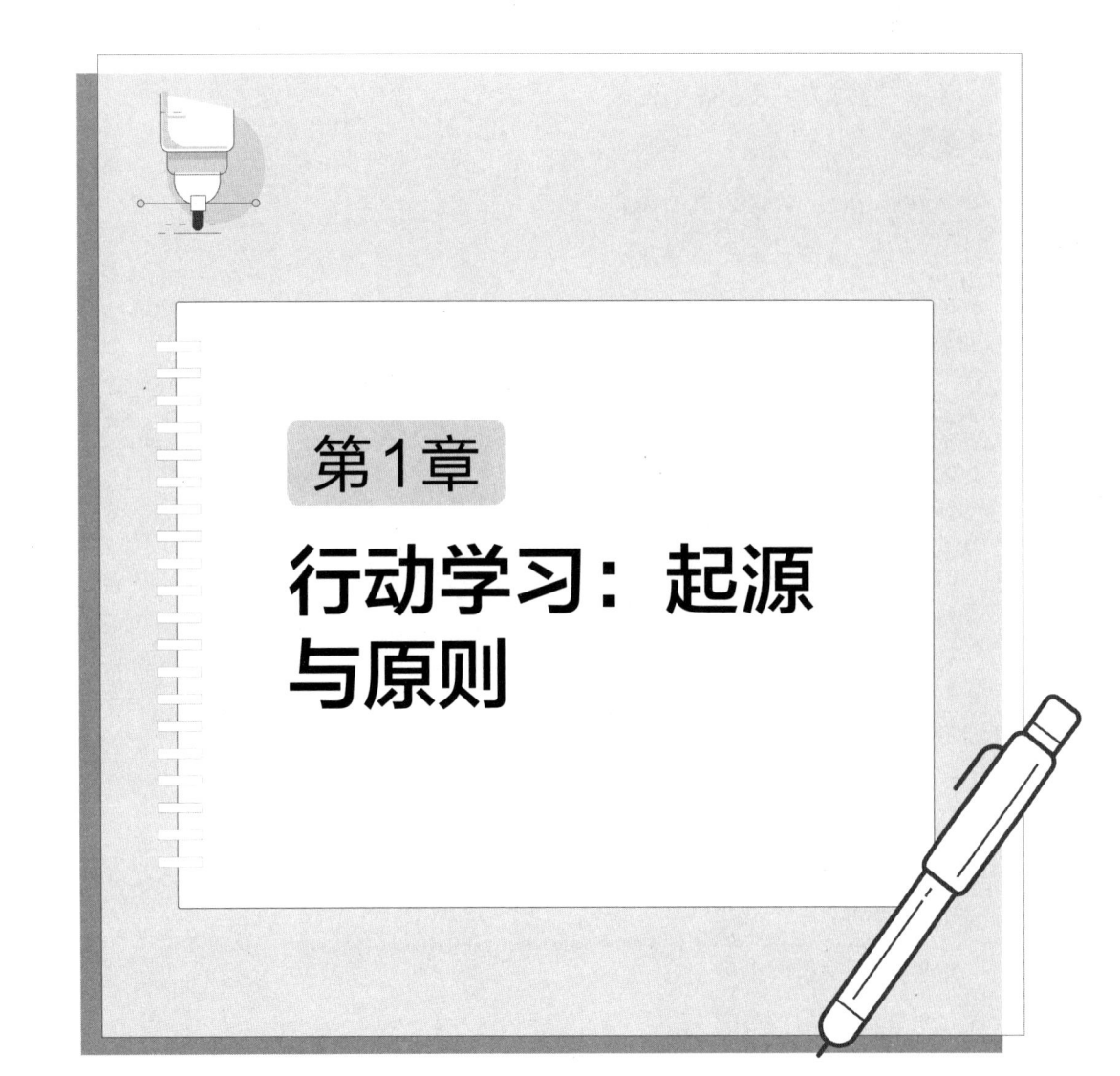

# 第1章

# 行动学习：起源与原则

## 本章概览

本章阐述了行动学习的理念，包括瑞文斯提出的价值观和原则。本章讨论了这一理念是如何源自瑞文斯的职业和个人生活的，以及瑞文斯对行动学习的抱负，这体现在 α、β 和 γ 三个系统中，分别代表决策或战略系统、沟通或影响循环，以及每位行动学习者所经历的独特学习过程。这三个系统的解释是通过一个制造公司的案例来完成的。

行动学习是什么？根据瑞文斯的观点，行动学习旨在解决组织和社会的"复杂难题"，而非传统教育和培训通常关注的谜题。然而，除非基于一些关键价值观进行专门的努力，否则无法实现这一目标。这些关键价值观将在"所以，行动学习的本质是什么"一节中讨论。

本章以"我的实践笔记"作为结束，这一内容将在每一章中出现。这是一份邀请，邀请你通过记笔记的方式，反思所阅读的内容与你当前实践的联系。

## 章节内容

- 介绍
- 什么是行动学习
- 行动学习的起源
- 行动学习的抱负
- 行动学习的目的
- 哪些不是行动学习
- 所以，行动学习的本质是什么
- 现在，行动学习变成了什么
- 对行动学习催化师来说，所有这些都意味着什么
- 我的实践笔记1

## 介绍

行动学习源于雷金纳德·瑞文斯（Reginald Revans，1907—2003，又称"雷格·瑞文斯"）——奥林匹克运动员、核物理学家、教育改革家和管理学教授（见图1-1）。

借鉴古代智慧及近代哲学家如约翰·杜威（John Dewey）等人的理念，瑞文斯探索了改善人类系统的方法，以促进人们的工作和生活。行动学习主张，我们能够利用自身的经验和学习来应对最为艰巨的挑战和问题。瑞文斯认为，应寻找一种既务实又能够激发潜能的方法来处理困难和挑战，这种方法还应基于乐观主义的道德和哲学。

图1-1　雷格·瑞文斯教授

## 什么是行动学习

> 没有行动就没有学习，没有学习就没有（冷静且深思熟虑的）行动。
>
> 瑞文斯，1907—2003

瑞文斯从未为行动学习给出一个单一的定义，他坚信智慧不应局限于固定形式。行动学习的理念本质上十分简单，但在组织和社会中实施起来却复杂得多。行动学习关注的是实现有效的变革，这种变革源于过程中的深入学习，而非简单的公式或技术所能概括。

尽管如此，许多人仍试图将行动学习简化为一个公式或技术来理解和销售。我们对此现象感到惊讶，这也是我们撰写本书的原因之一。在推广行动学习的实践中，我们也是参与者，我们希望确保行动学习不被误解。我们承认没有一种唯一正确的方式去定义行动学习，这里所描述的行动学习是许多小组正在应用的:"行动学习是个体、团队和组织学习的方法。人们通过团队合作解决重要的个人、团队、组织或社会挑战,并从改进过程中学习。"

这听起来非常简单,可以概括为:行动学习让人们聚集在一起,在行动和学习中相互交流、支持和挑战。

- 第一,每个人都自愿参与。(你不能强迫他人或被强迫——尽管你可以劝说和鼓励他们。)
- 第二,每个人都应有一个组织难题、挑战、任务或机遇,并承诺采取行动。
- 第三,因为团队合作有助于成功,所以组建行动学习小组,互相帮助思考难题,创造更多选择方案,最重要的是……
- 第四,采取行动并从行动中学习。

这四个要素如图1-2所示。

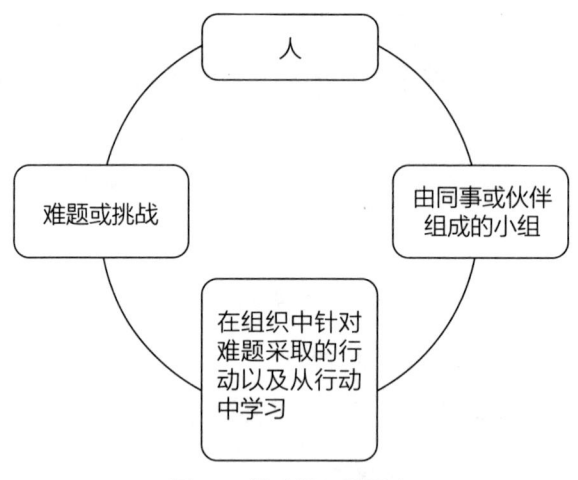

图1-2 行动学习四要素

### 行动学习小组

小组是行动学习中极具特色的一部分。小组定期举行会议,互相协助以采取行动和促进学习,这些工作都是在自愿承诺、同伴关系和自我管理的基础上进行的。瑞文斯将小组比喻为"每个行动学习项目的前沿"（Revans，2011:10）。

图1-3提供了一个正在工作中的小组的描述。你从图1-3中观察到了什么？

图1-3 行动学习小组

- 这五个人似乎正在进行某种形式的实验……
- 他们似乎在努力测试一些自己构思的想法，但似乎不确定如何开始……
- 他们尝试的方法看起来具有风险性，特别是对于绑在"轮子"顶部的那个人来说……
- 对于那四个没有直接风险的人来说，两个似乎在推动"轮子"前进，一个似乎在阻止它前进，而另一个则似乎在观察并做记录。

这幅画面描绘了一个行动学习小组在行动中的情景。它帮助成员选择和解决新挑战，并从采取行动的经历中学习。

瑞文斯，一位受过专业训练的物理学家，将科学方法应用于解决人类问题。他的关键见解使他与同时代的大多数人以及当今许多思想家区别开来。这种见解是：真正的难题和挑战（那些没有标准答案的问题）不是由专家（那些寻求正确答案的人）解决的，而是由那些实际面临这些问题和挑战的人来解决的。解决自己的困难和改善自己的系统是一项艰巨而具有挑战性的任务，我们常常会尝试避免这种情况。但行动学习认为，在一些值得信赖的伙伴的帮助下，通过协作，我们就可以开始创造自己的未来之路。

行动学习小组需要互相协助完成以下任务：

- 做出自愿的协同工作承诺，解决管理和组织中的"棘手"难题或挑战。
- 选择难题或机会，确保小组成员积极参与，达到一种状态：其中"我是问题的一部分，问题也是我的一部分"。
- 检视个人对问题的看法，这有助于澄清观点，使其更易于管理，并创造和探索多种行动选择和替代方案。
- 根据小组质疑和讨论过程中获得的新见解采取行动。
- 相互支持和挑战，以有效开展学习和行动。
- 通过回顾行动及其效果，从行动经历中反思和学习。学习首先与正在解决的问题或机会相关；其次是关于个人意识的——了解自己；最后是关于学习过程本身的，即"学习如何学习"。（第二和第三类型的学习对于将学习应用到其他情境至关重要。）
- 掌握行动和学习的技能，明确小组流程，并理解团队合作的有效性所在。

这是继续进行行动学习所需了解的内容。

瑞文斯对那些提供过多理论或解释的人持怀疑态度。对他来说，一切都很明显——他希望人们继续前进。行动学习必须像享受冰激凌或骑自行车一样去实践。因此，下定决心去尝试，看看它如何助你一臂之力。

此外，这里提供了行动学习的另一个定义，来自一位医生对小组经历的反思（见专栏1-1）。

## 专栏1-1　行动学习的成功秘诀

**要素**

- ☐ 6~8人
- ☐ 一些难题或任务
- ☐ 承诺
- ☐ 信任
- ☐ 关注
- ☐ 时间
- ☐ 经验
- ☐ 支持
- ☐ 挑战
- ☐ 冒险
- ☐ 引导
- ☐ 幽默

**方法**

选取一段自由的时间，与几位承诺投入的人共同经历人生。投入对他人的慷慨关怀，并融入充足的信任，直至它们紧密结合。一位催化师的加入可能有助于促进这种结合。

添加一些风险作为调味料。在需要时提供支持和挑战。让它慢慢炖煮，不断定期搅拌，并投入各种问题。偶尔加入幽默，以防止混合物变得过于黏稠。

**结果**

因此，你得到了什么？机会！

- ☐ 你将获得机会，专注于职业生活中的特定领域，在不同的思维层面上讨论那些在工作中由于种种原因未能实现的目标或成果；
- ☐ 基于他人的经验，在这些领域中产生新见解的机会；
- ☐ 在一个相对安全的环境中开发和实践新技能的机会；
- ☐ 确保他人也会支持你的机会；
- ☐ 还有随之而来的友谊。

资料来源：摘自 Airedale 公共健康医疗顾问 Sheila Webb 的原文。

## 行动学习的起源

行动学习是20世纪60年代末出现的一个关键理念。在那段时间，瑞文斯在同事们的协助下，启动了两个主要项目：一个是在伦敦医院联盟（Wieland & Leigh，1971；Clark，1972；Wieland，1981）；另一个是在英国通用电气公司（Casey & Pearce，1977）。自那时起，行动学习一直是组织发展和管理教育领域的一项非凡创新，因为它基于管理者进行自己的研究和解决自己的问题。它提倡人们成为学习者和实践者，同时反对专家咨询和传统商学院的实践方式。

1965年，瑞文斯在建立新商学院的谈判失败后，辞去了曼彻斯特大学的教授职位。在谈判中，他主张应以行动学习的原则为基础。然而，大学决定以美国商学院MBA项目为标准来建立曼彻斯特商学院。与技术学院（后来的曼彻斯特理工学院）的"工具"文化相比，瑞文斯反对旧大学的"学院派理论"，他认为"工具"文化更能满足管理者的需求（Revans，1980:197）。

经过长期的发展，行动学习理念逐步成熟。直到20世纪70年代，瑞文斯结束大学生涯后，他才开始使用"行动学习"这一术语。从《发展高效管理者》（1971）开始，瑞文斯出版了一系列关键著作和论文，在接下来的十年里，他提出了我们今天所知的行动学习理论和实践指南。瑞文斯的行动学习不仅是一种管理和组织学习的新理论，更是一种基于强烈伦理价值的生活和工作哲学。在瑞文斯的著作中，道德和伦理的考量占据了重要位置，他的行动学习与其说是一种方法，不如说是一种精神。

波西克等人的研究（Boshyk，2010；2011）显示，瑞文斯的早期生活经历和年轻时的个人发展对他后来的思想形成和发展起到了重要作用。例如，他受到了贵格会（Quaker，基督教新教的一个派别）价值观的影响，这种影响可能源自他的家庭，后来则来自20世纪30年代他离开物理学领域后在剑桥参加的贵格会会议。他之所以离开物理学领域，是因为他怀疑自己可能参与了用于侵略性攻击目的的研究。

贵格会教徒的信仰和实践与行动学习之间有着惊人的相似之处。正如波西克笔记中所记载的（2011:89）："贵格会强调行动或实践，并认为行动优先于信念，'只有在实践中采取行动，才具有意义'。"波西克等人（2010:54-59）评论了传统贵格会中澄心委员会的工作与行动学习小组之间的相似性：为了澄清深刻的个人难题或决策，任何人都可以召集5~6位不同但可信赖的人来帮助他们找到内心的声音。澄心委员会的会议通常持续约三个小时，开始于"静心和沉默思考"。成员们除非是为了服务于焦点成员，提出诚实和关怀的问题，否则不能与焦点成员交谈。澄心委员会起源于17世纪60年代，目的是利用集体智慧解决个人生活中的复杂问题。这不可避免地触及当事人在个人责任、诚信、自我驱动等深层次的心智模式，并有效减少小组成员评价对当事人造成的负面认知影响。

正如澄心委员会的称呼一样，行动学习始于"不知道"，或者如瑞文斯常说的那样，在面对难题时，除非我们理解和承认自己的无知，否则我们不会寻求质疑和学习。在行动学习和贵格会的信仰和实践之间，还有其他相似之处：贵格会的价值观包括和平主义、平等、坚持公平和"面对权威讲出真相"；贵格会的实践强调质疑和提问的重要性，认为安静和反思是必需的。贵格会的这些信念与瑞文斯在行动学习中提到的"逆境中的伙伴"产生了强烈的共鸣。

## 行动学习的抱负

行动学习满足了工业化时代大型组织的快速发展需求。在本章第一部分描述的行动学习简单规则背后，瑞文斯的思想基于他提出的三个相互作用的系统：$\alpha$、$\beta$和$\gamma$，构成了"人类行为学"或"人类行为一般理论"（见专栏1-2）。

> **专栏1-2　瑞文斯的人类行为一般理论：α、β和γ**
>
> α系统——决策或战略系统，涵盖外部环境、可用的内部资源和管理价值体系；
>
> β系统——实施决策或战略所需的决策系统、沟通或影响循环——包括调研、试验、行动、审查和整合；
>
> γ系统——每位行动学习者所经历的独特学习过程，涉及自我反思和对自我及他人的认知。
>
> 资料来源：Revans（1971:33-67）。

在实践中，α、β和γ三个系统是不可分割的，它们是整体中相互作用的部分。这三个系统的结合体现了瑞文斯行动学习的范围和抱负：

- α系统是组织问题解决的来源。这一系统汇集了瑞文斯在20世纪四五十年代运筹学研究的成果。在那段时间，他将科学训练应用于矿山、工厂、学校和医院的研究。分析外部环境对于发现潜在的机会和挑战至关重要，同时了解内部资源情况对于资源配置同样必要。

为了在主流战略思维中融入管理价值观体系，瑞文斯清楚地认识到决策不仅是理性行为，也涉及道德选择。α系统不仅包含知识分析，还重视历史、文化、权力、政治和风险的考量，考虑不同群体期望发生的事情以及他们需要采取的行动。

- β系统描述了组织问题如何通过计划、行动、反思和学习这个循环得到解决。这也是科学探索的循环、项目的循环，以及"组织学习的循环"（Revans，1971:129）。确定问题不仅包括初始定义，还涉及与问题相关的发起人、客户、其他角色和小组之间的协商过程。随着行动方案和机会的出现，问题的解决促进了学习的发生。

- γ系统关注个人在与α和β系统交互中产生的学习。所有学习都是自愿的，涉及个人如何从对问题的行动中学习，包括个人和问题情境。它涵盖了"变革或对管理者在某个方向上的影响，以及变革对情境在其他方向上的互补性影响"（Revans，1971:54-55）。$\gamma$ 系统承认，是个人赋予了这三个系统互动以意义，并以此为行动的基础。瑞文斯这样描述 $\gamma$ 系统：它本质上代表了所有智能行为的结构，并与 $\alpha$ 和 $\beta$ 系统结合，共同构成了人类行为一般理论和人类行为科学的起点（Revans，1971:58）。

这个一般理论及其三个系统为行动学习设定了愿景：个体行动与学习的融合，持续的尝试和试验循环，以及更广泛的系统变革。瑞文斯的理念预示了他对大约20年后兴起的学习型组织和组织学习的兴趣。

关于瑞文斯对行动学习的抱负的这个简明描述，也为行动学习催化师提出了更大的挑战，即实现超越仅仅为小组提供引导的宏伟目标。为小组提供引导仅是整个图景的一小部分，正如约翰·坦恩（John Tann）安全有限公司的例子所展示的（见专栏1-3）。

### 专栏1-3　约翰·坦恩安全有限公司

科林、约翰、莱斯和皮特是约翰·坦恩安全有限公司的高级经理，该公司是一家生产保险箱、金库和安全设备的重型制造企业。在外部行动学习催化师的协助下，他们组建了一个行动学习小组。

公司面临诸多挑战，包括小批量生产、产品种类繁多以及安全设备市场需求的不断变化。董事会希望提升业绩和效率，并挖掘关键人才的管理潜力。但他们面临的一个难题是，"通常好的想法并不源自董事会层面。"他们希望营造一个环境，使"想法能自下而上地传递至高层"。

在为期六个月的项目中，这四位经理每周与外部行动学习催化师会面。作为团队，他们协作良好。在项目结束会议上，他们与作为发起人的董事一起回顾了成功经验。更为不寻常的是，四年后，他们进行了第二次回顾（且他们仍在同一家公司工作），并评估了以下四个方面的好处：

（1）生产力——在过去四年中，生产力分别提升了11%、19%、17%和13%（原目标为15%）。虽然提升并非完全由行动学习带来，但其贡献被视为主要因素。

（2）个人领导力发展——四位经理认为，行动学习经历有助于他们更好地制定管理决策、更有效地授权、减少防御性心态、增强接受批评的能力、提升自信和领导力、更恰当地执行纪律程序等。特别是在更充分地信任下属，并培养"希望他们管理，并允许他们这样做"的管理理念方面，行动学习是"最关键的因素"。

（3）团队建设——他们现在运作着一个更高效的团队。

（4）行动学习的持续应用——这四位经理组成了一个代表小组，分担催化师的角色，以传播他们学到的知识。该小组起初不那么成功，尽管举行了几次会议，但后来逐渐停止了活动。四位经理认为这归咎于他们在公司管理层级中的职位和外部行动学习催化师的缺乏。

资料来源：改编于Brown（1991）。

## 行动学习的目的

约翰·坦恩安全有限公司的案例阐释了行动学习的多重目标。行动学习旨在解决管理者和人们面临的真正复杂的挑战和问题，同时它也是个人成长的源泉。根据"不充分授权原则"，除非我们能够改变自己，否则我们无法改变周围的世界（Revans，2011:75-76）。换句话说，在我们尝试改变世界时，我们必须以对学习的开放态度为起点，随后我们会发现自己在这个过程中也发生了变化。约翰·坦恩安全有限公司的四位经理不仅个人得到了成长,而且在解决组织面临的生产力和其他挑战时,他们的领导力也得到了增强。

科林、约翰、莱斯和皮特成立他们的小组是因为他们认识到,只有不断学习,才能解决公司面临的问题。瑞文斯的变革方程式可以表示为:

$$L \geq C$$

这个不等式表明,对于个人、团队、组织或社会而言,只有在学习(learning)速度等于或(最好)超过环境变化(change)速度时,成长和发展才有可能。瑞文斯进一步指出,成人的学习是将已知事物与对未知事物的新提问和质疑相结合的过程。他认为学习方程式是:

$$L = P + Q$$

其中,学习是P(程序性知识,programmed knowledge,即我们已经知道的知识)与Q(洞察性提问,questioning insight,由那些我们不知道且没有解决方案的挑战所激发的新问题)的结合。Q是瑞文斯区分谜题和难题的关键要素。

### 谜题和难题

谜题(puzzles)存在"最佳"解决方案,可以在专家帮助下通过应用P来解决。瑞文斯用"难题"(problems)来描述这样的情形:没有正确答案,需要通过提问和质疑激发新的思考、行动和学习,以找到最接近的答案。行动学习的目的不是解决那些"被认为有已知答案,但我们未找到"的谜题,而是解决那些没有唯一正确行动的复杂难题——"不同的管理者(即便都是经验丰富和头脑清醒的人)可能会用非常不同的方式应对它们"(Revans,2011:6)。

这种挑战也被称作"复杂性"。格林特(Grint,2008:11-18)的领导力模型中包含三种类型的难题,分别是"关键的"、"温和的"和"复杂的"(见图1-4),随着解决方案不确定性的增加和对协作需求的增强而逐渐变化。关键难题，如心脏病、火车事故或自然灾害，要求迅速行动，几乎没有时间考虑过程或不确定性。相对而言，像心脏手术规划或建立新医院这样的温和难题虽然复杂，但它们是"温和的"，因为可以利用工具进行理性规划。真正复杂的难题无法仅通过理性分析解决，它们需要领导力和学习。真正复杂的难题是混乱、曲折且紧迫的。消除药物滥用、无家可归或社区犯罪，激励员工，发展企业家精神或在组织内跨边界工作，这些难题在某些方面都是棘手的。由于难题和利益相关者之间复杂的相互依赖关系，采取简单策略和行动往往会带来意想不到的后果。

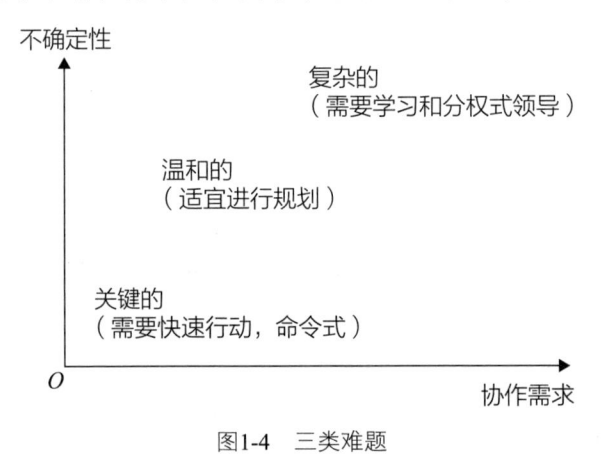

图1-4　三类难题

资料来源：Grint（2008）。

行动学习就是为解决这类复杂难题而设计的过程：通过提问来推进，不急于得到解决方案，而是通过精心设计的实验和深思熟虑的冒险来学习。

## 哪些不是行动学习

相比于提出行动学习的定义，瑞文斯更闻名于他明确指出了哪些不是行动学习（Revans，2011:62-74）。行动学习不是"项目工作、案例研究、商业游戏和其他模拟活动，也不是群体动力学、无特定任务的练习、业务咨询、专家任务、运筹学、工业工程、工作研究及相关主题"，同样不是"简单的常识"。瑞文斯这样总结行动学习不是什么：

> 与其他方法相比，行动学习的结构化程度较低……它几乎不依赖教师、专家和更多的技术性知识，而是鼓励管理者在决策自己的任务时发现如何最好地互相帮助。

（2011:74）

另外，瑞文斯认为，在组织改进方面也有许多其他方法可以达到与行动学习相同的效果。你可以称它们为"质量管理小组"、"生产力提升团队"、"行动探询小组"或任何你希望的名字。小组的名称并不重要（命名应适应环境），最关键的是，人们的关注点是否在于通过互相帮助来应对难题和挑战并采取行动，以及他们是否正在从这项工作中学习。

实际上，行动学习的一个优势在于，它从未被一成不变地定义，它需要不断地重新解释和延伸发展以适应当前情况。这意味着它不会像某些固定技术那样——经常面临今天流行、明天就被遗忘的风险。行动学习的基本思想非常简单，但我们总需要雕琢实践，使我们应用行动学习的方式更加适时。这正是维持行动学习生命力和活力的关键要素。

## 所以，行动学习的本质是什么

解决困难的挑战和复杂的问题本就不易，然而，挑战远不止于此。瑞文斯热情地鼓励自助，并敦促我们帮助那些无力自助的人（Revans，1982:467-492）。

行动学习建立在"如何成为"和"如何行动"的坚定道德和哲学基础之上。行动学习的"规则"易于理解，但必须通过以下道德价值观来实践：

- 从无知开始——承认自己的不足和无知；
- 对自己诚实——"一个诚实的人是什么样的，我需要做些什么才能成为这样的人？"（瑞文斯引用比利时经理人的话，1971:132）；

- 致力于行动，而不仅仅是思考——"你们要成为行道的人，而不仅仅是听道的人"（瑞文斯引用St.James的话，2011:6）；
- 以友谊的精神——"所有有意义的知识都是为了行动，所有有意义的行动都是为了友谊"（瑞文斯引用John Macmurray的话，2011:6）；
- 为了在世界上行善——"行一点儿善，胜过写一本难懂的书"（瑞文斯引用佛陀的话，2011:6）。

在行动学习中，与其他学习理论不同的是，精神、心灵和勇气与智慧和洞察力同样重要。在充满挑战的情况下，朋友和同事的温暖和支持与他们的知识和批评同样重要。我们将在第7章讨论这些价值观的重要性。

扼杀行动学习有九种可能的方式，具体见专栏1-4。

---

**专栏1-4  扼杀行动学习的九种方式**

对于个人和商业发展而言，行动学习是一种强有力的方法。然而，我们无法保证其成功。以下是一些可能破坏行动学习的做法：

（1）非自愿参与；

（2）缺乏真正的难题；

（3）带来的问题已有现成解决方案；

（4）对真正的难题保持沉默，不分享任何信息；

（5）很少参加小组会议；

（6）在小组会议间隙期间不采取行动；

（7）违反保密原则，在小组外讨论其他成员及其问题；

（8）利用每个机会向他人推销自己的意见；

（9）在小组会议中随意评价他人，以显示自己的聪明。

如果你有上述任何一项或多项行为，那么你的行动学习很可能会失败！

## 现在，行动学习变成了什么

自20世纪六七十年代诞生以来，行动学习在促进学习而非教学、倡导实践者知识而非专家观点方面一直存在争议。自20世纪80年代起，行动学习的应用有了显著增长。与历史上任何时期相比，行动学习现在已成为"主流"。推动行动学习应用增长的主要原因有两个：

- **公司项目中基于行动的方法的使用** 调查结果表明，在大型组织中，领导力发展项目越来越多地采用了行动学习、教练、基于工作的学习以及基于问题的学习等方法。
- **学者和大学的兴趣** 这在一定程度上反映了企业使用率的提升，为研究和以应用为导向的研究生项目创造了机会。学术兴趣一方面来自组织研究人员对"可操作的知识"的兴趣（Coghlan，2011），另一方面来自对更有效的工商管理教育方法的探索。

与这些应用和兴趣增长同步，行动学习本身也在发生变化，这在实践方式和感知方式上尤为明显：

- **作为一种方法论家族** 行动学习的传播是作为一种理念而非特定方法的。尽管大家对这一理念的关键特征有较高的认同性，但在实践上存在显著差异（Pedler等，2005:64-65）。这些差异既可以视为对"瑞文斯经典原则"的偏离，也可以视为对这些原则的发展。例如，许多现行实践关注于个人项目和个人发展，而非组织问题，从而失去了瑞文斯愿景中至关重要的方面。然而，也有一些新实践的发展是瑞文斯未曾设想的，如虚拟行动学习。由于不同的实践社区开发了它们自己的行动学习版本，将行动学习视为一个方法论家族而非统一实践是明智的。
- **作为基于行动的研究和学习方法论家族的成员** 在更广泛层面上，行动学习也是管理和组织研究中行动方法论的一个组成部分，旨在产生"可操作的知识"。这些研究包括行动研究、行动科学、参与式行动探询，以及其他持有类似观点的方法。

## 对行动学习催化师来说，所有这些都意味着什么

行动学习催化师的角色实现方式多种多样，相应地，对行动学习的解读也多种多样。正如我们在下一章将看到的，瑞文斯并没有像许多人假设的那样，将大量精力放在行动学习催化师的角色上。这给担任这一角色的人带来了许多问题，特别是当行动学习缺乏统一定义时，也就没有一种绝对正确的催化方法。这意味着每位行动学习催化师都需要不断地自问："我这样做对吗？！"（Pedler和Abbott，2008）

你可能想要在"我的实践笔记"中记录下到目前为止的反思。

## 我的实践笔记 ❶

**我的行动学习实践**

联系你当前的实践,记录一些关于行动学习方面的笔记。例如,你可以记下自己对以下问题的思考:

1. 我如何理解行动学习?

2. 目前我掌握了哪些实施行动学习项目的技能?

3. 我认为行动学习最有价值之处是什么?它是否与我个人的价值观相符?

4. 接下来,我想在哪些方面发展我的行动学习实践?

**对我的实践笔记1的反思**

阅读我刚才所记录的内容,对我和我的实践来说,这些内容揭示了什么?

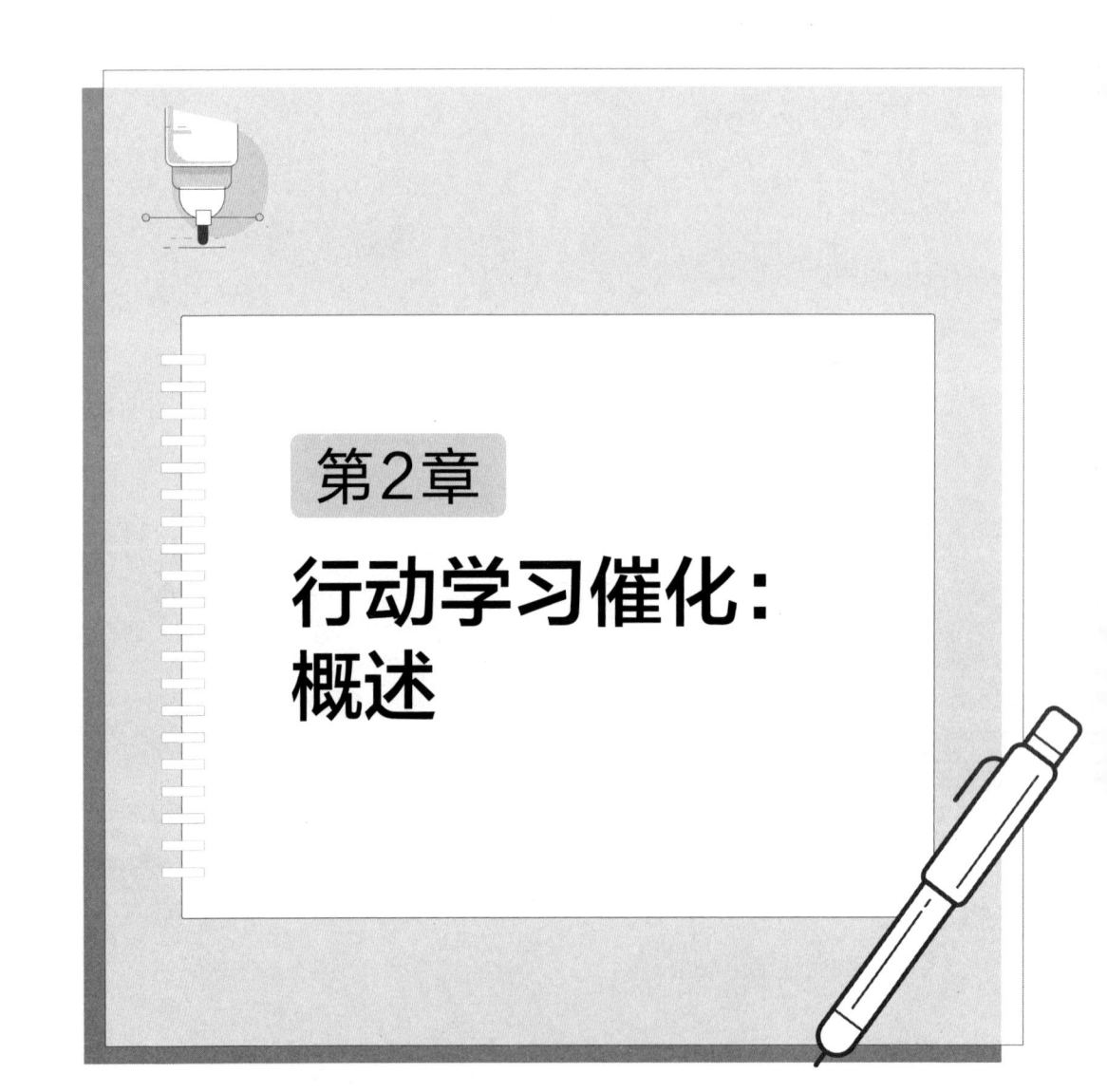

## 第2章

# 行动学习催化：概述

## 本章概览

本章探讨了瑞文斯理念给行动学习催化师带来的挑战。在缺乏正确答案的情况下，行动学习鼓励参与者首先寻求同伴和其他小组成员的意见，而非专家的建议。这要求小组成为一个互助学习的社区，成员需要对自己的行动和学习负责。这对任何行动学习催化师而言，无疑是一个吸引人的挑战。催化师在此过程中需注意的是，在协助小组时避免陷入专家角色的诱惑，以免剥夺小组成员的权力和关注。

随后出现的另外两组挑战包括：一是行动学习的启动和创造成功所需的适宜组织条件；二是组织和专业学习成果的收集与传播。

本章概述了行动学习催化师角色的三个主要方面：助产士/项目设计顾问、团队引导者，以及更广泛意义上的组织学习教练。本章还讨论了瑞文斯所倾向的自我管理式行动学习，以及行动学习催化师的自我发展问题。

## 章节内容

- 介绍
- 瑞文斯对于催化的看法
- 行动学习催化师的三大角色
    - 助产士/项目设计顾问
    - 团队引导者
    - 组织学习教练
- 自我管理式行动学习
- 催化师的崛起势不可挡
- 学习成为一名行动学习催化师
- 我的实践笔记2

## 介绍

行动学习的定义通常不涉及行动学习催化师的角色——而自愿的个人、小组成员、待解决的挑战以及从行动中获得的学习这些要素都极为重要。

尽管目前行动学习催化师的角色被广泛认为至关重要，在瑞文斯早期对行动学习的描述中却并未出现这一角色。团队引导者的角色始于20世纪70年代中期，当时瑞文斯与其他专家一起参与了英国通用电气公司的开创性项目，这些专家包括戴维·凯西、戴维·皮尔斯、吉恩·劳伦斯和鲍勃·加拉特（Casey & Pearce，1977）。

自那时起，尽管瑞文斯持有保留意见并经常发出警告，这一角色仍普遍被视为行动学习的一个关键部分。团队引导者的普及可以归因于多种原因，包括大家普遍认为这样的专家可以提升小组工作的价值，特别是在行动学习初期。一个较受质疑的观点是，行动学习为传统教师和培训师提供了吸引人的职业道路。从以下细节可以看出，尽管瑞文斯有些勉强，但他确实接受了这一角色。然而，他倾向于使用"顾问"（adviser）这个词来强调其咨询作用，而非执行角色。与此相反，他经常提出警告，反对使用"引导"（facilitation）这个术语，因为经验丰富的顾问不会做出轻率的承诺。他甚至讽刺地将引导者（facilitator）这个词读作"fer-silly-taters"〔对于任何南方人来说，taters=potatoes（土豆）〕。

随着"催化师"一词在行动学习项目中的普遍应用，对这一角色所需技能和实践的描述也变得常见。众多作者认为这代表了一种特殊的团队引导方式。不同的人从各自的角度对该词进行了不同的解释。例如，麦吉尔和贝迪（2001），以及麦吉尔和布洛克班克（2004）突出了催化师在人际关系技能和反思技能方面的重要性，尤其是对群体动力学的理解。另外，马夸特博士（2004；2009）将催化师视作一位积极的"教练"，在提问和质疑上提供强有力的引导，并在学习过程中为参与者提供指导。

我们认为，团队引导者的角色只是行动学习催化师角色的一部分。我们还指出，当前对团队引导者角色的过分强调，已经导致其他更为重要和具有挑战性的角色的价值被边缘化。我们的立场基于瑞文斯对行动学习的设想，即在面对社区、组织和社会的棘手问题时，行动学习的实施、采取的行动和产生的学习——这些任务的完成需要比团队引导者更广泛的角色来承担。为了实现他的愿景，我们需要从不同的视角来看待行动学习催化师的角色。

在本书中，我们既采用了"顾问"这一术语，也使用了"催化师"。同时，"引导/催化"和"催化师"是目前广为人知的术语，它们不仅在行动学习中，也在非行动学习的会议和项目中得到使用。为了与这一常见用法保持一致，尤其是在与行动学习小组合作时，我们也使用"催化师"和"引导/催化"这些术语。

## 瑞文斯对于催化的看法

瑞文斯对管理者教育的理念对传统商学院的方法提出了相当激进的挑战。1965年，伦敦和曼彻斯特商学院成立时，为管理者提供的课程基于MBA模式（现在依然如此）。瑞文斯坚决反对这种源自美国的模式，因为它完全依赖于已获得的专业知识和智慧。他认为，相反，应该着重于帮助管理者自己解决问题（Revans，1966:5，1980:197）。

瑞文斯认为，在将行动学习引入组织并协助小组启动方面，催化师角色至关重要。但他担心这个角色本身可能变成一种专家角色。他预见到管理学领域的教师可能很快就会开始自称催化师。如果这代表了真正的角色转变，那将是受欢迎的，但瑞文斯担心他们不会真正改变立场，而是在新的身份下继续扮演他们的专家角色。因此，瑞文斯一直强调，行动学习小组成员，无论是在个体还是集体层面，都应该掌握自己的事务，以避免产生"对含糊不清的催化师角色的另一种依赖"（Revans，2011:9，最初的强调）。

## 行动学习催化师的三大角色

然而，对瑞文斯关于行动学习催化师角色的观点进行深入分析后，我们发现了这个角色的三个关键方面（见图2-1）。

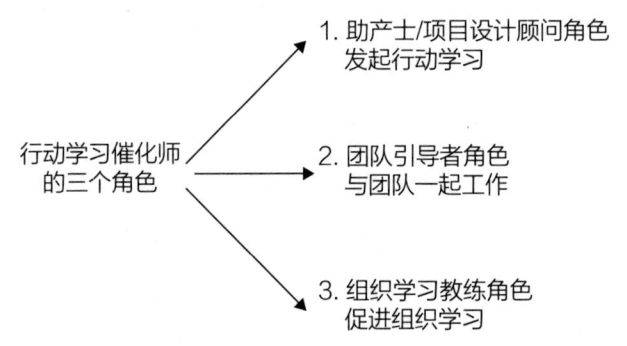

```
                    1. 助产士/项目设计顾问角色
                       发起行动学习
行动学习催化师 ───→  2. 团队引导者角色
  的三个角色           与团队一起工作

                    3. 组织学习教练角色
                       促进组织学习
```

图2-1　行动学习催化师的三大角色

### 助产士/项目设计顾问

瑞文斯认识到"人"的因素在任何组织或系统引入行动学习过程中的重要性。为了帮助自己介绍和总结这一过程，他采用了"助产士"这个术语："除非组织中有些人准备为行动学习而战，否则任何组织都不会接受行动学习……我们将这种有用的中介称为助产士——见证组织产生新想法的管理助产士。"（Revans，2011:98-99）

然而，瑞文斯设想担任这个角色的人是一位富有同理心的管理者。他认为，将行动学习引入系统或组织的任务，最好由该组织内的资深成员来完成，而不是依赖外部专家。

### 团队引导者

在确立助产士角色的合法性的同时，瑞文斯指出，当小组刚开始开会时："当小组首次组建时，可能需要一些额外的帮助以加速团队融合。"

然而，他同时担心这可能为专家角色的介入打开大门，因此他迅速补充道，"这样的组合……必须设法让小组尽早独立"（Revans，2011:9），并建议这项工作最好由一位有行动学习经验的管理者来完成，而非外部专家：

> 对于一个新成立的小组而言，需要一个促进融合的中介，以鼓励彼此不熟悉的成员尽快放松并形成开放而坦诚的氛围。这种需求不应通过雇用专业"催化师"来满足，而是可以邀请一位积极参与的管理者来完成。这位管理者之前已经参与过行动学习，可以长期加入新小组中以帮助推动工作。他可能希望加入小组，成为一名真正的成员……
>
> （Revans，1982:769）

在这里，瑞文斯可能希望这位无须为其支付薪酬且还有其他工作的管理者，不会长期留在小组中，他或者会很快离开以继续自己的工作，或者加入小组成为一名普通成员。

许多行动学习催化师试图遵循瑞文斯在这一方面的指导，特别是那些提倡自我管理式行动学习（Self-managed action learning，SMAL）的人。自我管理式行动学习接近于瑞文斯对小组愿景的设想。只要有一点儿帮助、鼓励和指导，小组成员将很快获得必要的技能和信心，使小组能够自我催化。

现在，我们尽可能总结瑞文斯的观点：瑞文斯看到了团队引导者在将行动学习引入组织以及帮助小组开始工作方面的重要作用。他对行动学习催化师角色在团队引导方面的问题包括：

- 这种权威人物的存在与自治小组的概念相冲突，会阻碍小组成为同伴学习社区。瑞文斯批判了他所认为的由权威和依赖性主导的教育文化，并认为管理者最容易"在彼此互动中学习，并且从彼此身上学习"（Revans，1982:767-768）。
- 无论催化师在帮助小组独立方面表现出多么良好的意愿，他都可能被这个角色的权力所诱惑，在小组中维持自己的专家地位。

瑞文斯关于小组中催化师角色的观点可以总结为以下三个方面：
- 同伴是最好的顾问。我们需要平等地探讨我们遇到的问题。
- 催化在帮助人们开始行动学习方面是有用的，但是……
- 警惕所有"专家"——尤其是专家作为催化师！

### 组织学习教练

一旦行动学习小组成功建立并运转起来，小组成员开始积极投身于解决他们选择的难题的行动和学习中，就会产生一个新问题：组织或更广泛的系统如何从这一过程中获益？

除了通过问题解决和项目工作获得的直接收益，瑞文斯还用"乘数效应"来描述行动学习者解决自己问题的同时，在一个更广泛的"学习社区"内分享所学的现象（Revans，2011:70-73）。这种效应是如何形成的呢？

瑞文斯在反思与一家比利时公司管理者合作的经历时，讨论了沟通障碍和获得高层支持的重要性，这对于系统变革至关重要。为应对这些难题，他建议成立由小组之外的人员组成的"关键小组"。这个关键小组的成员最可能受到行动学习小组提出的行动的影响，没有他们的支持，行动计划可能会失败（Revans，1971:80-94）。后来，他将此称为支持体系，包括发起人、委托人、委托小组以及一些"支持性部门"（Revans，2011:21-39）。这些支持体系不仅为行动学习过程提供支持，还促进了组织学习。

显然，瑞文斯明白如果没有来自领导层的支持，而将影响组织的期望完全寄托在个别小组成员身上，这样的期望可能过于沉重。然而，目前尚不清楚他希望谁来负责组建关键小组和引导支持性部门。在一些项目中，他亲自承担这项工作，或立即邀请他的管理开发人员来承担。他的基本立场是，从最高层开始，所有管理者都应承担起营造学习社区的责任。因此，在他为一个具有学习能力的组织所勾画的蓝图中，他的第

一个秘诀是："首席执行官应将发展组织学习系统作为其首要职责。"（2011:117）

有时人们认为，瑞文斯对组织变革和组织学习的愿景给参与者带来了太大压力，或者认为这是一件过于困难且耗时的事情。此外，"组织变革"并不像瑞文斯所设想的那样，主要是一个理性过程，组织学习实际上是一个复杂且有争议的问题。鉴于已经发生了许多变化，一些行动学习实践者认为，我们真正需要的是更多对意识和批判性评估的反思，而不仅仅是更积极地承担（Rigg，2008）。在第6章，我们将讨论批判式行动学习的重要性，这种转变正是关注点变化的一部分。

一些项目主要关注行动学习小组的催化，仅关注那些解决"自己工作"问题的小组成员的发展。在这种情况下，注意力可能只集中在小组内部的面对面催化过程，而对组织层面的行动和学习关注不足。这就要求采用一种不同类型的催化过程，以促进行动学习者与负责系统整体方向的领导者之间的深入对话。

行动学习催化师的三个任务是：为小组提供引导和支持，促使领导层参与，以及促进前两者之间的深入对话。在这些任务中，与小组一起工作可能是最熟悉的，但可能其要求是最低的（见图2-2）。

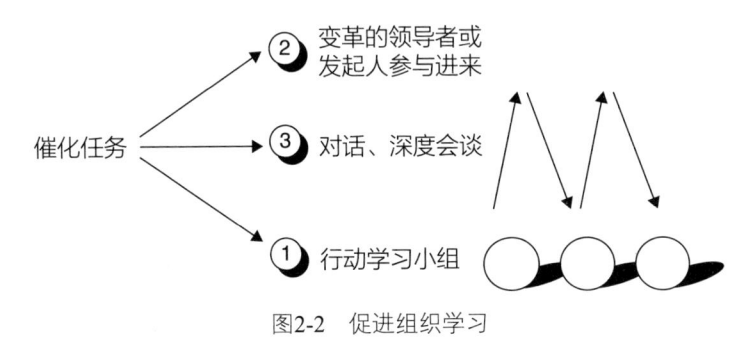

图2-2 促进组织学习

## 专业学习

如图2-2所示，行动学习催化师角色的第三个方面不仅包括组织学习，还可以扩展到更广泛的专业学习。尽管在某些情况下，人们可能觉得组织发展过于困难或超出了他们的职责范围，但更广泛的专业学习不应被视为超出任何实践者的职责。

从事行动学习的人通常是技术熟练的专业人员，他们对专业机构、论坛、网络和实践社区保持忠诚。"知识工人"和其他专业人士倾向于在网络、实践社区和同行论坛上更新和补充他们的知识。非正式的专业会议和网络在传播和分享学习成果方面起着重要作用。在这些场合，人们不仅就最佳实践达成共识，还能分享那些难以转化为程序性知识的隐性见解。此外，许多商业和职业行为都重视职业道德和职业发展的传统。一些专业协会和学术机构能够尊重、承载和维护这一传统。这些机构本身可能是重要的学习资源提供者，并且常常是非正式论坛和网络的组织者。

这些正式和非正式的聚会创造了广泛的专业学习机会。对于行动学习小组成员和催化师来说，一个重要任务是将关注点从行动学习转移到这些更广泛的影响范围。与尝试和抵抗新知识的高层管理者交流学习相比，这可能被证明是一条更容易、更自然传播新知识的途径，因为管理者可能认为这些新知识与他们现有的理解相冲突。然而，这应该是组织发展的补充，而不是替代。正如瑞文斯在对学习型组织最简洁的总结中所说，高层管理者通过自下而上传达给他们的信息变得更明智："自下而上的质疑加速了上层管理者智慧的提升。"

组织和专业学习的发展为行动学习催化师提出了及时的挑战。在当今许多实践中，行动学习已成为一种个人发展方法，类似于教练法或导师制，其唯一区别是在小组中完成。瑞文斯也指出了这一点。而且，行动学习本身不太可能带来瑞文斯所寻求的组织和社会中的系统性改善。正如多南伯格所认为的，这种个性化的行动学习与更广泛的学习相对立："个人主义的学习不利于产生相互之间的联系……在一家有许多亚文化的医院中，急需在整体上努力为患者服务"（Donnenberg，2011:301）。然而，对任何行动学习催化师来说，实现这种连接和整合是一个巨大的挑战。如果不包括这方面的内容，行动学习的愿景会发生什么呢？在第5章中，我们将再次探讨这个重要话题。

## 自我管理式行动学习

### 我们可以没有催化师吗

瑞文斯对小组催化师的警告引出了一个明确的问题：我们可以没有催化师吗？尽管瑞文斯承认小组在初始阶段可能需要外部催化师的帮助，但许多催化师认为，他们的关键任务是教会小组如何自我催化。一旦小组掌握了自我催化的能力，外部催化师就应该退出小组。然而，尽管许多实践者认同这一理念，他们最终还是倾向于留在小组中，显然不愿意变得多余。南希·迪克森非常清楚地描述了这种现象：

> 理想情况下，催化师会先示范技能……一段时间后，当小组成员能够自己承担催化师角色时，催化师应尽快退出。然而，现实情况是，催化师和小组成员都倾向于维持现状。对于催化师来说，很难放弃这样一个被视为"睿智且有洞察力"的吸引人的角色。特别是当别人事后向你表示感谢，或者询问你对小组讨论中某个问题的看法时，谁不想继续扮演这样一个有价值的角色呢？
>
> （Bourner, 2011:114）

自我管理式行动学习的案例最早见于伯纳及其同事的论述中，伯纳已经在许多大型项目中证明了其有效性，这些项目涉及数百名管理者（Bourner, 2011）。自我管理式行动学习非常符合瑞文斯关于同伴学习过程的愿景。它的特色包括：

- 在一些预备研讨会之后，行动学习小组能够进行自我管理和自我催化。
- 在整个过程中，自我管理是首选，因为它既鼓励小组成员利用已有的管理技能建立自信，也揭示了催化过程的本质。
- 自我管理式行动学习强调成员技能，如问题陈述、提问、总结、反思、相互教练等。
- 减少对外部经过训练的催化师角色的依赖。

### 成为一名高效的小组成员

首先，对小组自我管理和小组成员技能的关注，有助于形成对行动学习会议实施的清晰指导（见专栏2-1）。

---

**专栏2-1　自我管理式行动学习：成为一名高效的小组成员**

**当轮到你呈现问题时**
☐ 思考你希望在这段时间内获得什么，并准备会议。今天，你需要从小组得到什么？
☐ 考虑为了解释事情的进展，你需要传达哪些信息。
☐ 尽可能清晰地表达。（有时你可能希望小组帮助你厘清思路。）
☐ 努力在时间期限内完成陈述。
☐ 向小组说明哪些方面没有帮助到你。
☐ 提出行动要点……
☐ 在下次会议前实施行动，并……
☐ 对学习进行反思并与他人分享。

**当你倾听、质疑及支持他人时**
☐ 关注陈述问题的人及其学习过程。
☐ 积极聆听。
☐ 坚持基本原则，如果其他人没有做到，挑战他们。
☐ 通过表现出兴趣和同理心来提供支持。

- □ 尽量避免打断。
- □ 提出有益的问题。
- □ 要求澄清。
- □ 反馈时要诚实、开放、具体，并保持敏感度。
- □ 认真对待多元化和平等问题。
- □ 如果被邀请，提供相关信息。
- □ 在适当的时机，提供试探性的见解和想法。
- □ 对自己的学习负责。
- □ 在他人的学习中进行协作。
- □ 为自己发声。
- □ 避免泛泛而谈。
- □ 接受别人的解决方案可能与你的不同。
- □ 参加所有会议，并全程参与。

资料来源：K. Aspinwall 改编自 Beaty 等人的著作（1993）。

其次，自我管理式行动学习对行动学习方法是一个极为有用的补充，因为它适用于任何小组，可帮助小组实现自治和独立。催化师可以利用它来腾出时间，以完成更广泛的组织任务。

最后，对小组成员技能的重视，推动了行动学习不仅限于小组内部，而是成为一种跨越小组界限、在会议和工作中广泛应用的通用方法，从而促进了其在更广泛系统内的实施和应用。许多行动学习小组催化师将自己的工作重点完全放在引导小组上，但仍有许多其他同样重要甚至更为重要的工作需要完成。在伯纳及其同事所描述的自我管理式行动学习项目中，行动学习催化师忙于完成与前述助产士角色相关的一系列任务：启动项目、创建支持性部门、运行筹备研讨会、举办将小组和发起人集中在一起的会议、评估成果、担任团队引导者，以及偶尔为小组会议提供引导。

## 催化师的崛起势不可挡

尽管存在自我管理式行动学习的贡献和实例，大多数行动学习小组仍然配置了催化师，大多数行动学习实践也预设了这一角色的存在（O'Hara等，2004；Pedler等，2005）。这种现象可能的解释之一是瑞文斯自己的预测：随着行动学习的普及，将吸引专业教师和教练尝试将自己转变为催化师。尽管他对这种做法持怀疑态度，担心这些人只会在新的伪装下继续扮演专家角色，但我们有理由保持乐观。首先，许多教育工作者和培训师通过接触行动学习来寻找替代性和更好的工作方式。他们及其客户都已经意识到了传统教学和训练方法的局限性，并开始寻求一种学习者可以实际应用的方法，并将其落实到实践中。

其次，催化师的普遍存在源于一个矛盾：尽管行动学习是一个非常简单的概念，但将其付诸实践却并非易事。瑞文斯使行动学习听起来简单——六位管理者聚在一起互相帮助，采取行动并从解决组织问题中学习。然而，例如：

- 如何在组织内部或组织之间集中人员形成一个小组？他们是自愿的吗？他们能否自由地说"不"？
- 组织问题从何而来？谁定义它们为问题？在行动学习者、他们的客户和发起人之间，关于这些问题的定义存在什么样的协议或合同？
- 对组织问题采取行动意味着什么？小组成员以这种方式承担风险的可能性有多大？行动包括哪些内容？"不可避免的风险"——对失败进行惩罚的一个重要风险（Revans，2011:6）——在实践中是如何被接受和管理的？

这些只是发挥行动学习全部潜能过程中需要面对的一些挑战。由此可见，行动学习催化师的角色比管理会议中的引导者要求更高，后者通常是外部人员，负责帮助小组或团队完成特定任务。顾名思义，引导者的角色是使事情更顺利并协助团队推进任务。

管理会议和项目团队的引导者可能认为他们的工作具有挑战性，但他们的职责通常随着会议或一系列会议的结束而结束。而对于有效的行动学习来说，如我们所见，催化师不仅要帮助小组成员相互学习，解决复杂的组织问题，还要遵循瑞文斯的"从小组到学习社区"（2011:70-73）原则，帮助他们承担更广泛的责任，影响小组之外的人，在组织内及更广泛的专业论坛中促进学习。

## 学习成为一名行动学习催化师

这本书的出发点是这样一个疑问：人们如何更好地学习成为一名行动学习催化师。与小组一起工作的技能固然有用，但对于完成任务来说却不够充分。"熟练的催化师"可能会让你像拿着锤子的小男孩，用相同的工具去应对遇到的所有问题。行动学习中总有这样一个原则：要从提出新问题开始，从不知道如何着手的立场来思考。

书中每一章都会出现"我的实践笔记"，这用来帮你培养良好的学习习惯，这些习惯将在任何实践中为你提供帮助。反思并记录下来是行动学习催化师实践发展的重要方法。没有其他方法可以替代它帮助你完成任务和从经验中学习。

瑞文斯所用的"人类行为学"（praxeology）一词源自希腊语的"实践"（praxis），意指实践研究，涵盖了思考与行动之间的交互作用。瑞文斯的动机是帮助管理者"学习如何解决问题"（1966:5），因此实践这个概念是行动学习的核心。实践意味着同时做和学：

一个人可能仅通过谈论行动（如在商学院的课程中）就学会了如何谈论行动，但要真正学会采取行动（与仅仅学会谈论行动不同），他需要亲自采取行动（而非仅仅谈论行动），并观察其效果。这种效果不是来自谈论行动（在这方面他可能显得颇具能力），而是来自实际采取的行动（在这方面他可能并不完全胜任）。

（1971:54-55，最初的强调）

用培训领域的术语来说，"技能"（skills）与"能力"（competencies）之间存在显著差异。例如，瑞文斯所指的技能同时也包含了能力（ability）的意味，它们不一定会引发行动；能力关联于过去的学习，但对新事物而言，并非总是必需的。

我们的实践关乎我们在面对挑战时如何运用和发挥自己的所长，它也是新学习产生的基础和焦点。瑞文斯（1982:724）在他的 $\alpha$、$\beta$ 和 $\gamma$ 三个系统模型的一个版本中，将这些体现为与以下三方之间的三组关系的变化：

- 外部世界
- 其他从业者
- 自己

因此，$\alpha$、$\beta$ 和 $\gamma$ 代表了三个层次的实践，它们将个人与更广泛的社群以及全球性的挑战相连：

- 我的实践：我个人的工作方式
- 我们的实践：专业实践社群
- 实践：为特定人类目的而公认的服务

（Pedler等，2010:10）

我们将在第8章再次探讨这个重要主题。你或许需要做一些笔记，关于行动学习催化师的三个角色如何在实践中得到应用。

## 我的实践笔记 ❷

**行动学习催化师的三大角色**

联系你当前的实践，记录一些关于行动学习催化师这三个角色方面的笔记。例如，你可以记下自己对以下问题的思考：

- 这些角色是不是我目前工作的一部分？它们应该是怎样的？

- 在这三个角色中，哪一个对我来说更具挑战性或更困难？

- 哪一个角色更吸引我？

- 目前，在这三个角色中，我应该优先发展哪一个？

- 未来，我最想发展的是哪一个？
① 助产士/项目设计顾问
② 团队引导者
③ 组织学习教练

**对我的实践笔记2的反思**

阅读我刚才所记录的内容，对我和我的实践来说，这些内容揭示了什么？

# 第3章

# 助产士：启动行动学习

## 本章概览

助产士角色有时可能会被忽视,因为小组催化过程能够带来更直接的成果。然而,任何行动学习项目的成功都依赖于助产士的工作——在三个角色中,这是瑞文斯明确描述的一个角色。

为了给行动学习提供一个良好的运行机会,首先测试组织或系统是否具有接纳这种方式的文化氛围是至关重要的。如果系统能够接纳行动学习,那么成功的最佳机会就依赖于准备合适的条件,包括获得高层领导的支持和聘请资深人士作为发起人和委托人。这些是助产士的任务。同时,要确保对组织挑战的选择能够得到认同,并保证人们可以自愿加入小组,而不是被迫加入。

这项启动工作与系统中任何后续的组织发展紧密相关,并对行动学习催化师角色的第三个角色起到了补充作用(见第5章)。助产士期望组织发展的前景能为更广泛的学习奠定基础。尽管助产士/项目设计顾问和组织学习教练在本书中被团队引导者(第4章)的第二个角色分开了,但这只是一个顺序问题,因为行动学习催化师角色的第一方面和第三方面是相辅相成的。助产士必须考虑组织学习的设计,而且,要实现超越小组本身的更广泛的发展,在很大程度上依赖于这个角色。

本章讨论了助产士角色的分析、协商与设计方面的内容,提供了成员招募的建议,对问题选择及初步评估提供了一些想法,并给出了在大型及小型组织中实施行动学习项目的案例。

本章还包括戴勒商业服务公司案例的第一部分(该案例共包括三部分),这个案例将连续出现在第3、4、5章的末尾。戴勒商业服务公司的案例描述了行动学习在一家大型企业中的应用,并邀请你随着案例的逐步展开,测试你在行动学习催化师角色方面的知识和技能。

> **章节内容**
> 
> - 介绍
> - 组织准备度
> - 得到高层的支持和承诺了吗
> - 设计行动学习
> - 谁应该成为小组成员
> - 应该如何选择挑战和难题
> - 行动学习项目
> - 评估行动学习
> - 我的实践笔记3

## 介绍

正如我们在前一章所看到的，瑞文斯对催化师持怀疑态度，因为他担心担任这一角色的人可能会同时承担告知者的责任，自认为知道如何实施行动学习，从而成为自认为的专家，这违背了依赖同伴提供建议的原则。

矛盾的是，我们显然需要一些人将行动学习引入新的团体或组织。在早期，瑞文斯自己就是这样做的，但随着行动学习理念的传播，如何完成这些行动学习的介绍和归纳过程呢？他使用了"助产士"这个术语——字面上指帮助接生的人——来强调这个角色在孩子出生前和出生过程中是必需的，但一旦健康的孩子出生，就不再需要这个角色了。然而，正如我们在前一章中提到的，他认为这项工作最好由组织内部的一位开明的管理者来承担，而不是聘请任何专业催化师。

助产士角色是行动学习催化师三个角色中的第一个（见第2章中的图

2-1），并且与第三个角色——组织学习教练——这个角色密切相关。在许多方面，第三个角色的成功是最重要的，而它的成功取决于助产士角色所做的铺垫。助产士角色在设计行动学习项目时，必须将组织学习考虑在内，这种可能性在很大程度上取决于整个过程的开始阶段的工作是否成功。

正是行动学习的启动者首先播下了行动学习理念的种子；是他定下了基调，界定了概念，并展望了行动学习的抱负。正是在早期的工作阶段，与高层管理者、领导者、委托人、发起人和其他利益相关者的关系就已经形成。与其他关键小组和支持性部门一起，正是在这些人身上，组织或系统对行动学习的支持体系已经建立起来（Revans，1971:80-94；2011:39）。

很明显，这些人和小组所做的艰苦工作，是行动学习成功的关键，包括所获得的组织学习。正是这些小组之外的人的影响及其活动，形成了瑞文斯所描述的"乘数效应"，而这种效应是在更广泛的"学习社区"内共享的结果（2011:70-73）。

助产士角色包含了一个重要的设计元素。在各种可能性中，客户寻找的正是这个角色的人来提出行动学习项目的设计。这个设计角色很容易被低估，因为他的工作仅仅是将行动学习看似简单的原则翻译到复杂背景中：如何邀请人们并找到他们加入小组的方式？谁会被选中并受到邀请？如何选择挑战和问题？如何评估过程？如何共享学习？在所有这些问题中，最重要的可能是细节。正是在这一点上，行动学习的基本意图和价值观可能会遇到组织现有文化和价值观的阻力。

为行动学习创造合适的条件是作为助产士的行动学习催化师的关键任务。要完成这项任务，需要提出以下问题：

- 该组织或系统对行动学习的接受程度如何？
- 高层管理者是否支持？

- 如何让人们意识到，如何邀请和招募人员？
- 如何选择难题或挑战？
- 参与者中是否有委托人、难题发起人或指导人？
- 行动学习项目的进行过程中是否会有支持性活动？如参观、与外部人员的会议或研讨会等。
- 如何跟进行动学习小组所形成的行动计划？
- 如何在更广泛的组织或系统中分享学习成果？

这些问题反映了在启动一个成功的行动学习项目时会涉及的基础工作。所有这一切都是在催化师进入团队引导者角色之前发生的。如果这些工作做好了，团队引导者的任务就会变得更加容易。如果这些准备工作没有做好，行动学习就可能无法达到预期效果。

本章回顾了这些问题，并对行动学习启动过程进行了策略性概述，同时指出了更详细的设计工作所涉及的进一步资源和活动。

## 组织准备度

组织准备度可以通过以下两个问题简单概括：

- 你真的想做这件事情吗？
- 组织是否已经为行动学习做好了准备？

理想的组织准备度包括有足够的开放性和支持性，为行动学习提供成长的空间；同时，对现状进行充分挑战，激发学习和变革。

行动学习并不适合每个人，也并非必然适合所有组织及其所有发展阶段。如果你生活中有很多事情要做，那么现在可能不是开始行动学习的最佳时机。已经进行大量培训的公司可能不需要行动学习。行动学习需要有意愿的人来共同处理重要的组织难题和机遇。你现在理解了吗？如果一个组织或系统的氛围和文化对行动学习有抵触，或不能为行动学习的有效进行提供良好条件，那么可能更好的办法是在系统外部寻求替代方案。

现实中，企业在创业阶段，行动和学习几乎是不受限制的，是一种自然的工作方式，行动学习在这种情况下会自然而然地发生。当人们发现问题时，他们会指出来，并积极为他人提供帮助。在这种氛围中，人们在愉快和兴奋中工作。当需要时，大家肩并肩地一起努力，分享学习成果，共同进步。然而，这种理想状态往往不会持久。随着组织规模的扩大和管理工作的增加，人们可能会失去行动和学习的自发性。他们变得更加正式，创新需要获得许可，犯错可能会受到惩罚，导致人们越来越不愿冒险。如果情况还没有太糟，高层管理者还保持着开放和坦诚的态度，那么行动学习可以帮助组织放松，鼓励人们以新的工作方式进行创新和尝试。

在评估组织环境是否适宜实施行动学习时，可以考虑以下问题：

- 行动学习是否适合组织当前的发展阶段？
- 员工是否愿意拥有更强的主动性？更进一步来说，他们是否愿意展现出企业家精神，承担风险，像经营自己的事业一样投入工作中？

行动学习的组织准备度问卷可以帮助你评估当前的状况（见图3-1）。你可以利用这份问卷来自我反思，或与同事合作，检验并判断在当前情况下行动学习是否适宜，你也可以将这份问卷作为评估工具，用以衡量任何团队、项目、部门或社区开展行动学习的可能性。

> 行动学习的组织准备度问卷将协助你评估在目前组织环境中实施行动学习成功的可能性。
>
> 对于以下每一项描述，请根据"1（不像我们）~ 5（非常像我们）"的评分标准进行打分。
>
> **在这个组织中：**
>
> 1. 人们因为提出好问题而受到奖励。　　　　　　　　1　2　3　4　5
> 2. 人们经常提出新想法。　　　　　　　　　　　　　1　2　3　4　5
> 3. 沟通非常开放和顺畅。　　　　　　　　　　　　　1　2　3　4　5
> 4. 冲突被公开处理而不是被压制。　　　　　　　　　1　2　3　4　5
> 5. 我们被鼓励去学习新技能。　　　　　　　　　　　1　2　3　4　5
> 6. 我们会暂停工作以进行反思。　　　　　　　　　　1　2　3　4　5
> 7. 有丰富的书籍、多媒体、文件包及其他学习资源。　1　2　3　4　5
> 8. 人们相互帮助、鼓励，并提出建设性批评。　　　　1　2　3　4　5
> 9. 我们的工作模式较为灵活，能够适应多任务处理。　1　2　3　4　5
> 10. 高层管理者不滥用职权，总是鼓励员工表达真实想法。1　2　3　4　5
>
> **现在，请将你的得分加总。如果你的得分：**
>
> 10 ~ 20 分　　在组织环境变得更加开放之前，行动学习可能难以有效实施。
>
> 21 ~ 40 分　　行动学习应该能够协助你实现目标。
>
> 41 分以上　　你似乎已经具备良好的行动学习基础，或者行动学习可以帮助你进一步发展批判性和质疑能力。

图3-1　行动学习的组织准备度问卷

资料来源：在 Pedler 的许可下重印（2008）。

## 得到高层的支持和承诺了吗

如果获得高层的支持，行动学习可能会对员工及其所在的组织产生最大的正面影响。行动学习的组织准备度问卷有助于评估所选组织的气氛或氛围，但在讨论员工对行动学习的兴趣、高层管理者的支持和承诺时，还需要考虑：

行动学习如何能够：

- 支持企业的愿景和目标？
- 为组织的难题和问题提供解决方案？

向高层管理者推广行动学习通常包括提供一个成功的商业案例。第三个问题可能需要进行评估，而不是直接回答：

- 他们在多大程度上愿意发起变革、进行尝试并对现状提出挑战？

获得系统中高层管理者的支持和承诺，对于实现组织学习的愿景是必要的。如果没有这种支持，行动学习仍然可以在组织中进行，但其效果往往仅限于小组内和个体层面。在某些情况下，行动学习甚至可能在高层管理者不知情的情况下发生，如专栏3-1中的"背阴面"案例所示。在这个案例中，行动学习努力避开高层管理者的视线，甚至可能被视为不符合他们的想法。然而，即使在组织的背阴面，行动学习仍然可以找到立足之地，至少对个人来说是有价值的。同时，尽管高层管理者被蒙在鼓里，但这种"颠覆"活动为组织带来的价值至少有两个方面：首先，也是最直接的，它帮助公司留住了员工；其次，较为间接的是，因为所有组织都必须随着时间的推移而变革，行动学习成为一个明确的指标，表明这家公司需要学习如何进行变革。问题是，如果高层管理者对这些事情一无所知，他们如何才能从中学习？因此，助产士的一个关键任务是与系统中的领导者建立关系，并将其作为行动学习准备的一部分。如果高层管理者从一开始就参与进来，组织产生变革和学习的可能性将大大增加；然而，这可能是这项工作中最困难的部分（见专栏3-2）。

### 专栏3-1　案例：处于"背阴面"的行动学习

一位大型国际家族企业的管理发展经理，对近期的毕业生招聘问题感到忧虑。尽管企业不断发展壮大，但其管理风格却未曾改变，有时甚至私下里被形容为"封建"。

几个月前，一些新入职的毕业生向这位管理发展经理表达了他们对自己工作、上司以及所受待遇的担忧。该经理决定，在未获得上级批准的情况下，组织七位最不满意的学员进行行动学习。在第一次会议上，讨论并通过了基本规则和保密原则后，所有参与者都表达了他们希望离开公司的意愿，并要求行动学习小组和管理发展经理帮助他们实现这一目标。

经过八次每两周举行一次的会议，最终有两位新入职的毕业生确实离开了企业。而其他人则通过调整部门、寻找新项目和新伙伴，使得自己的工作状况得到了改善。这一切行动都是在组织的"背阴面"进行的——既未被高层管理者所知，也未经正式批准。

### 专栏3-2　签约的戴维·凯西

戴维·凯西是一位睿智的行动学习实践者，他非常谨慎，确保所迈出的第一步是正确的。在第一个案例中，他谈到了自己在高管团队的启动研讨会即将开始的最后时刻退出的情况：

经过深思熟虑，在最后一刻，我拒绝举办研讨会。在我的决定引发的恐慌和兴奋中，我清楚地意识到，首席执行官一直在对我隐瞒真相——他并没有打算与他的同事们就他们如何共同开展工作进行认真的联合调查。

（Casey，1993:33）

在第二个截然不同的案例中，他讲述了自己如何坚持提出一个关键问题，这个问题虽然让客户感到非常沮丧，但最终促成了重大突破：

在一个组织中，我通过持续近八个月的时间不断提出"这个团队的目的是什么"这个问题，让他们感到烦恼。在极度的恼怒中，团队的两名成员齐心协力，想出了四个非常清晰且大体上相互独立的目标……［这些目标］……迅速导致他们整个会议日程的彻底重整。

（Casey，1993:50）

凯西坚持要让自己的问题得到回答，因为他知道，如果行动学习所需的条件被忽视，或者如果行动学习在高层不受欢迎，那么实现更深层次的学习就不太可能。在这种情况下，组织的创新也难以持久。

行动学习不是万能的解决方案。只有当发起人对它有深刻的理解，并且将它与发起人的战略议题结合起来时，行动学习才能有效地进行。在现代石油银行的案例中（见专栏3-3），由于内外部环境的影响，公司正承受着巨大的变革压力。

#### 专栏3-3　案例：现代石油银行

现代石油银行（以下简称"现代"）在2000年至2001年间面临了低谷，主要原因包括高成本的业务结构、不可预测的就业状况、持续的负面声誉以及不利的外部经营环境，如海外市场的开放和国内市场的激烈竞争。这导致公司面临4.517亿美元的债务，处于最糟糕的财务状况，股东和公众对公司的信心急剧下降。2002年，为了解决这些根本问题，现代引入了行动学习，将其作为一种创新的管理工具来改变工作方式。行动学习被引入的一个主要原因是，当时的CEO（已于2010年8月退休）曾在美国金融机构参与过行动学习。

现代的行动学习最初由最高管理层发起，但在随后几年中，为了实现"2012愿景"，即成为"韩国最高效的炼油和营销公司"，员工团队活动成为核心。公司创造了一个自创的词汇："Let's"（learning by executing together for solutions），这是自2006年起行动学习的新品牌名称。现代的行动学习涉及100~150个团队，每年开展四个项目，从开始到2009年，共完成了2000个项目，创造了2.5亿美元的利润。作为奖励，公司每年举行一次行动学习会议，分享和奖励最佳实践，并将财务收益的3%（高达50000美元）奖励给表现突出的团队。

> 为了详细准确地阐述行动学习，现代为Let's参与者制作了一本手册，确保参与者在解决问题时使用统一的语言。Let's手册内容包括公司对行动学习的定义及其目的、Let's流程、项目选择、问题解决过程中的工具（如SWOT分析）。通过选题过程，发起人和学习团队就行动学习项目的成果达成共识，发起人也明确了自己希望从项目中获得的成果。同时，团队领导被任命为学习教练，以提高小组中的催化型领导力。
>
> 这些努力的成果是，现代在2007年成为客户满意度排名第一的能源公司。更重要的是，2002年至2009年间，公司在经营业绩上取得了显著进步，包括：①信用评级从BBB提升至A0；②债务比率从430%降至186%；③累计利润增至16.8亿美元。绩效提升团队的负责人观察到，"虽然所有这些绩效指标可能不仅仅是行动学习的结果，但随着行动学习的推进，组织员工能够提高解决问题的能力、与其他部门协作的能力、准确识别客户需求的能力，以及对竞争对手做出快速反应的能力"。
>
> 资料来源：本文的使用获得了Cho和Bong的许可（2011）。

## 设计行动学习

显然，高层管理者的目标对行动学习的设计具有重大影响。一旦理解了战略并评估了支持程度，就应该考虑一系列设计问题。

- 导入或筹备会议；
- 招募小组成员——寻找愿意尝试和犯错、对学习持开放态度的人；
- 组建固定成员的小组，关注成员的难题或任务——以支持性行动、反思和学习为核心；

- 招募希望获得帮助以解决难题、应对挑战或机遇的委托人；
- 寻找愿意支持小组成员解决这些难题、挑战或机遇的发起人，他们应愿意协助小组承担责任并评估成果；
- 选择合适的行动学习催化师，并提升他们的能力；
- 举办会议，确保小组与整个项目保持联系；
- 评估。

这些事项如何发生或者是否全部发生，取决于行动学习项目的规模和复杂性。然而，所有这些问题都是助产士角色可能面临的。这个列表并不全面，但它展示了启动者在设计时需要考虑的要素。关于这些设计要素的资源非常丰富，可以在网上和不同的书籍中找到。例如，可以参考佩德勒（2003）、埃德蒙斯通（2003）以及麦吉尔和布洛克班克（2004）的作品。在这里，我们将更多地关注行动学习设计的战略层面，特别是强调一个关键意识：行动学习必须与具体的组织环境相适应。

## 谁应该成为小组成员

这是一个重要的问题。有时，小组成员来自特定的阶层、等级或职业；有时，他们被特意跨职业、部门或单位混合；有时则有开放式的选择——任何想要加入并尝试的人都有机会。

一个关键的设计参数是：参与者的多样性是否足以引发新的问题？这是一个需要判断的问题。在任何行动学习设计中，都需要考虑人的多样性来源。正如上一章约翰·坦恩安全有限公司的案例所示，来自同一家公司的经理，尽管他们在个人特征上都很相似——男性、中年、白人等，但如果他们来自不同的地点，可能会提供足够的多样性。在瑞文斯早期的一些行动学习实践中，参与者包括煤矿管理者和邻近矿井的代表。他们共同开会，讨论生产效率、事故率和维护问题（Revans，1982:39-55）。另外，瑞文斯也在医院实施了行动学习项目，其中包括医生、搬运工、辅助人员、护士和管理者等全体员工，他们根据行动学习的规则平等交流，共同探讨特定疾病的存活率、传染病控制和学生护士培训等问题（Revans，1982:250-286）。

除了多样性，参与者之间还需要共性。合适的参与者可能是共同负责引入新想法或系统的人，正在经历或处理组织重组的人，或者工作具有高度复杂性——需要与客户、供应商、社区和政府部门等多方协调的人。其他具有共性的情况包括新入职员工、处于职业生涯中期可能面临职业瓶颈的从业者、需要创新或学习新技能的人，以及在工作中经历动荡和不确定性的人。这些情况的共同之处在于，他们通常对学习持开放态度；多样性来源于不同的背景、截然不同的个性和丰富的人生经历。

### 自愿原则

无论参与者面临何种困境或挑战，重要的是，他们都应该希望改善他们所处的状况。这是共性中最重要的方面。行动学习需要有意愿的参与者，他们希望解决他们想要处理的问题，当这个条件得到满足时，意味着所有在场的人都是自愿者。

没有人是被迫参与行动学习的。他们可能会被命令在特定时间或场合出席，但这与自愿参与行动学习有本质区别。任何参与行动学习的邀请都应提供拒绝的选项。那些尚未准备好或已感压力过重的人，应该能够有尊严地、无须批准地婉拒邀请。

这个原则至关重要。学习（以及行动学习中所有有意识的行动）是自愿的努力，只能基于自由意志来承担和实现。如果出现了任何被迫参与的情况，这很快就会被察觉，可能会给所有相关方带来不利影响。

## 应该如何选择挑战和难题

### 难题和谜题

行动学习不是为谜题（puzzles）设计的，而是为难题（problems）设计的。有些人倾向于使用"挑战"或"机会"来替代"难题"，因为他们认为"难题"这个词带有消极含义，或者至少不是积极的。这并不重要——只要在特定情境下能够有效的词汇都是合适的——但瑞文斯使用"难题"一词是指那些到目前为止还没有已知解决方案或明确处理方法的情境。换句话说，这些是真正的问题。

填写纳税申报表、创建课程表，甚至建立新学校都可能遇到问题，但在瑞文斯的定义中，它们实际上是谜题。它们都有正确的答案，也有专家能够提供这些答案。另外，激励不满的员工、创办企业或从并购中获得最大利益，这些都是难题——它们没有标准答案。尽管许多书籍可能提出相反的观点，尽管许多人可能声称拥有专业知识，但这些都是问题情境，在这些情境下，最佳的做法是进行细致的实践和学习。

瑞文斯（1982:716）对于选择适当的难题提出了自己的建议：

管理者可以研究以下类型的难题变化：

i. 熟悉情境下的熟悉任务；
ii. 不熟悉情境下的熟悉任务；
iii. 熟悉情境下的不熟悉任务；
iv. 不熟悉情境下的不熟悉任务。

这个描述可以通过图3-2来表示。有人可能认为，在"本职工作"的情境下，并不真正需要行动学习，因为这可能不会让人们走出自己的舒适区。如果人们要从这个框中选择问题或机会，那么可能需要仔细考虑，也许由小组的其他成员进行审查，以确定所提出的建议是否具有足够的挑战性。选择这样一个项目的一个很好的理由是，无论出于什么原因，这个人一直没有做这部分工作，现在希望尝试一下。

|  | 熟悉的任务 | 不熟悉的任务 |
|---|---|---|
| 熟悉的情境 | 本职工作课题 | 新工作或交换项目 |
| 不熟悉的情境 | 不同情境下的相同工作 | 在不同单元/组织中的新项目 |

图3-2 挑战和难题的一些选项

这些选项是根据瑞文斯自己的经验提出的，在他的经验中，管理者有时会被借调，在不同单元或组织之间交换，并被要求处理其专业领域之外的项目。这带来了很大的挑战，但组织起来也很困难。这也是一个在特定情况下可行与否的问题。例如，多组织组合，其中的项目被定义为需要接触不同的视角才能取得进展，允许存在自己的公司经验之外的想法，而不要求实际去另一个组织开展项目。

### 要做组织调研吗

发现难题或挑战的一个方法是在组织或部门内收集课题列表。这可以通过与相关部门或单元的人员进行访谈，并提出一些问题来实现。例如：

- 要改善我们目前的工作，你看到了哪些机会？
- 你认为我们目前面临的问题是什么，可能的原因是什么？
- 如果你能在这里改变一件事，那会是什么？

选出一小部分具有代表性的人员，用以制定行动学习的备选课题清单，这个过程不需要很长时间。一家印刷公司就进行了这样的调研，并制作了一个课题列表。依据这个列表，各个小组选定了他们的行动学习课题（见专栏3-4）。

## 专栏3-4 案例：汤姆林森

汤姆林森是一家专业的打印机构，拥有许多显著特点。尽管利润丰厚，但它没有管理者、没有工会，员工无论技能水平和经验如何，都能获得平均且较高的工资。

像许多小公司一样，汤姆林森受其所有者和总经理迈克·汤姆林森的影响，形成了独特的个性。迈克·汤姆林森在公司提倡的愿景和价值观，源自他之前在一家大型印刷公司担任总经理的经验。在那里，他认为管理者和工会共同负责复杂的工资制度和许多其他问题。他认为，更好的做法是给予员工更高的薪资，不设立专职经理，而是期望每个人都参与工厂的管理工作。

尽管取得了成功，汤姆林森仍面临各种问题，其中一些是由公司政策导致的。例如，当迈克·汤姆林森不在时，会出现明显的决策困难，因为他主要负责与客户的外部接触。这些空缺会由处于管理角色的候选人以非正式方式填补。

外部催化师推动了公司的"人才投资者"项目。所有60名员工都有机会参与行动学习小组。催化师花了两天时间与工厂里的每个人交谈，收集了一些难题，形成了一个包含30个课题、难题和机遇的列表，包括：

☐ 切割清单的电脑化；

☐ 重新设计工作卡；

☐ 规划和监督新的存储设施；

☐ 重新设计工作流程；

☐ 改进工作站之间的关系；

☐ 加强与客户的联系；

☐ 改善决策；

☐ 减少材料浪费，提高回收率；

☐ 减少能源使用；

☐ 为模具师制订一个培训计划。

该项目的一个目的是提升人们对所处系统的整体意识，包括客户意识，这对大多数人来说接触较少。因此，小组成员由来自八个不同工作台的员工混合组成，每个小组有四到五个人。尽管公司规模较小，工作流程相对简单，只有设计、切割制影、刻字到发送等几个环节，但许多员工对他们同事所做的事情的细节几乎一无所知。

每个小组从列表中选择了一个共同的难题。一旦选择了难题，他们就需要获得迈克·汤姆林森的许可。迈克·汤姆林森还会针对特定任务给他们一些指导，并提出他的成功标准。在三个月内，他们每周有两个小时的工作时间可以用来完成这些课题。每个小组的工作始于一个名为"如何作为一个高效小组开展工作"的培训工作坊，但之后他们就以自我管理的方式开展工作，没有外部催化师（尽管有一位催化师几乎每天都会来工厂看看，并为团队提供非正式指导）。

必要时，每个小组可以与迈克·汤姆林森会面，提出行动建议，如果获得批准，小组就可以实施。对他们来说，第一次被打回要求重做的情况并不常见。事实上，除了一个建议，迈克·汤姆林森最终批准了所有其他建议。对双方来说，这是诚实面对课题的关键要素。

在最后阶段的三个月里，公司关闭一天，员工在当地酒店开会。每个小组都需要在会上报告：①他们的行动；②他们的学习成果。在这一天结束时，迈克·汤姆林森举办了一个庆祝晚宴，感谢人们的努力。在过去的三个月里，许多难题已经成功解决或取得了进展。在13个小组中，有10~11个小组被催化师评价为按计划成功完成任务并进行了学习。

汤姆林森的案例揭示了一个对催化师来说普遍的现象：公司内部存在的问题和机遇对员工来说是显而易见的，但对高层管理者却并非如此。行动学习的独特之处在于，它不是简单地将从员工对话中获得的深刻见解美化成咨询报告提交给高层团队，而是将这些见解回馈给员工，让他们进行研究和采取行动。

在讨论行动学习难题的来源和取得进展所需的支持性人员时，瑞文斯强调了将了解这些难题的人聚集在一起的重要性。那些拥有权力的人、能够采取行动的人、有意愿采取行动的人，都是对问题关注的群体。他指出：

……当面对一个需要变革的复杂组织或系统时，人们并不完全理解其状况，必须谨慎地……咨询那些相关的关键人物，他们可能支持和推动这项工作，或者反对和抵制这项工作，这些正是应该参与进来的人。

（1971:84-85）

## 行动学习项目

作为行动学习项目的设计顾问，助产士的最终目标是为建立组织学习社区打下基础，这个社区是行动学习小组所在的组织。这种组织学习网络不仅促进小组的行动，更重要的是实现组织学习的目标，这在第5章中有所强调。常规的做法是汇总各小组的工作成果，并让大家分享学习收获，理解更宏观的全局视角。在一项关于卫生局组织学习的研究中（Nicolini等，2004），这一原则被表述为：

小组（sets）= 反思的结构（structures that reflect）

会议（conferences）= 连接的结构（structures that connect）

小组主要关注其成员和他们的目标，存在一种向内集中的倾向，不太关注更宏观的全局。一个好的设计方案可以帮助小组理解他们与整个系统的关系，使小组与整个系统连接得更紧密。在关于学习社区的讨论中，瑞文斯估计，他的比利时校际项目中的21位管理者对其他200多位管理者产生了影响（Revans，1971:81-82）。

如果只有一个行动学习小组，那么他们就是整个项目的核心，必须鼓励他们与那些了解、关心课题并能围绕课题开展工作的人建立联系。但是，如果有两个或更多的小组，作为项目设计顾问的助产士可以组织一些会议，让小组成员分享他们的行动和学习成果。将多个小组聚集在一起可能会产生组间竞争，如果不影响学习，这也是一种有益的激励。在这些会议中，如果适当，发起人和委托人也可以参与，但他们应参与到过程中，而不是作为主导者。如果项目涉及不同机构，这些机构的代表也可以共同参与这些会议。

行动学习项目所采用的形式通常取决于具体情境，这包括参与者是谁以及他们的目标是什么。项目完全可以在组织内部进行，如汤姆林森案例所示，或者也可以在联营或合营企业中开展。对于那些探索如何将行动学习项目与其他组织发展工作相结合的组织来说，他们可能会发现，组建合适的行动学习小组是进行协同工作的有效途径。这些情况表明，行动学习项目往往包含一些相似的组成部分：

- 参与者小组会议通常在几个月甚至几年的时间里，每隔几周举行一次。

- 通常有一位团队引导者——尽管小组在没有引导者的情况下也能成功，正如汤姆林森案例中的自我管理式行动学习所展示的那样。

- 有委托人和发起人，委托人负责提出难题和机遇，设定期望和成功的标准；发起人则提供支持、指导、建议，并在特定情况下促进行动的实施。委托人和发起人也可以是结果汇报的主要对象和项目评估的主要参与者。

- 面对面的会议用于启动项目，在关键节点上分享学习成果，进行阶段评估和庆祝成功。这些会议有助于将行动学习小组与组织网络内的更广泛的"学习社区"相连接。
- 电子网络用于汇报最新进展和交流讨论问题。小组成员可以通过网络平台保持联系，存储信息和做出决策。组织的电子公告板可以用于发布大家感兴趣的内容。在多组织社区的项目中，每个小组在项目开始时就达成共识，即每月发布行动报告和提出的问题，以便其他小组可以参与他们的工作并进行思想交流。

图3-3展示的行动学习项目结构来自一家制药公司。该公司最近对研发部门进行了重大的重组，形成了一个新的团队。在外部催化师的协助下，新团队的领导者参与了这个项目。他们面临的基本问题是：我们如何让这个新团队有效运作。每位领导者都需要对这一挑战采取行动，因为这是他们的责任所在。他们从一开始便非常清楚，他们有责任在部门层面上对工作进行新的理解和认识。

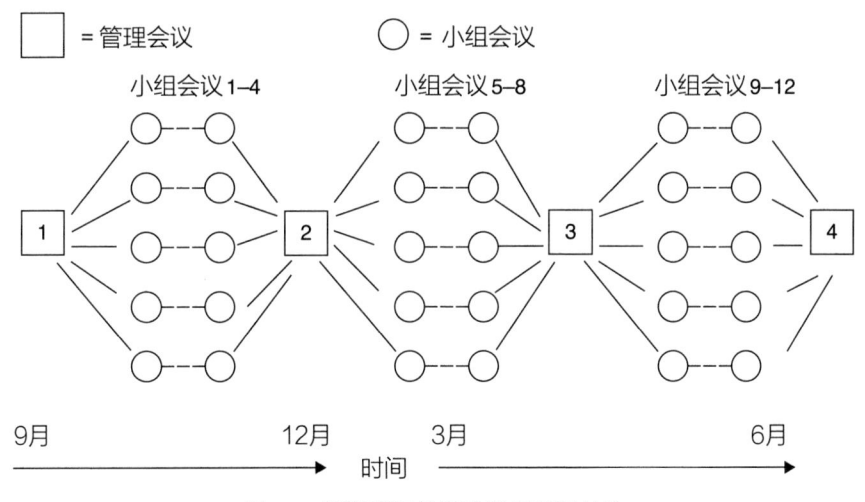

图3-3 研发部门的行动学习项目结构

项目期间，八个行动学习小组在十个多月的时间里共举行了三次会议。启动会议邀请了首席执行官和母公司的董事长。他们阐述了他们希望实现的目标，并承诺将关注项目的进展。他们也出席了最后的会议，听取了评估报告，并参加了晚宴。

项目正式结束后，有一半的小组在没有外部催化师的情况下继续进行研讨，对项目中形成的成果和工作方法进行进一步的改进和提升。

**对突发事件的预案**

"行动学习项目"这个术语可能会造成误解，因为它似乎暗示了一个有序且可预测的事件序列。然而，行动学习很少以这种方式进行。相反，它通常是突发的，随着时间的推移，新的问题会不断涌现。尝试确定之前形成的每一个条目，敲定每一个细节，从而扼杀所有自发产生的新想法，这是非常错误的。项目设计的目的是满足项目有效开展所需的最小临界条件，即提供一个最小的——而非最大的——结构、规则和程序，以支持协同工作。

类似于图3-3所描述的项目可能会引发许多问题和冲突。这些问题和冲突可能包括对新形成的结构逻辑的质疑、关于高层管理者优先级的争论、对新举措的建议等。这些问题和冲突的出现可能是项目正常运行的一部分。这些质疑、建议和扰动是形成新的工作方式的基础。因此，当这些质疑、建议和扰动出现时，我们需要采取恰当的应对措施。

不适当的应对措施包括无视、嘲笑、压制和不让上级知道。这可能是一些管理者的习惯性反应，因此预测这种可能性并制定预案是非常重要的。这也是作为项目设计顾问的助产士角色的关键所在，但它同时也是催化师从项目启动者角色到第5章所描述的组织学习顾问角色的转折点。这有助于促进有关项目设计的分享，同时也能够维持更广泛意义上的小组。

行动学习项目应该是组织中其他规划和学习活动的一部分。任何希望成为学习型组织的公司都会有一个周期性的循环，从战略高度规划学习，以实现未来的目标。关于"学习架构"的观点将在第5章中进一步讨论。

## 评估行动学习

> 最大的危险不在于我们的目标太高而无法实现；而在于目标太低，我们却实现了它们。
>
> 米开朗基罗

评估是一项重要活动，需要从项目开始就进行规划。评估所得的数据是获取学习的主要途径，一个经验法则是，你应该将10%的时间和资源投入这项活动中。本书围绕评估展开，但评估本身并非目的，评估活动贯穿于本书的各个章节。例如，本章的组织准备度问卷既可以作为预测工具，也可以作为后测工具。第4章的小组会议回顾表是检查小组进展的一种方式，第5章则讨论了在组织层面评估学习的不同方法。

评估是对某件事情赋予数值的过程。虽然听起来简单，但实际操作往往较为复杂。相较于在组织层面进行评估，个人和小组层面的评估相对容易一些。我们如何知道小组中的行动和学习对组织层面有益？我们如何确定某个部门或组织的变革是由于小组的行动？由于存在众多中间变量和其他同时发生的事情，对这些方面的衡量通常需要依赖舆论或推测。

然而，在评估系统成果的同时，发起人对行动学习往往抱有很高的期望：

- "我希望人们能更少提出要求，更主动，更愿意承担风险。"
- "我们如何与低工资的竞争对手竞争？只有通过变革，通过发展更具创新性的文化。"
- "我们失去了公共服务的职业道德，这对我们至关重要；我们必须重新获得或创造这种职业道德。"
- "甚至我自己也不知道，我只知道我们需要一些新的东西……让我惊喜的东西！"

尽管良好的评估不需要过度设计，但为了保持其简单性和有效性，需要付出努力。除了上述讨论的技术难题，评估也是一种政治活动。评估涉及判断，这些判断基于好与坏、更好与更坏的细微差别，并包括这些差别。这些判断会因你的立场而异。并非所有事物都具有强烈的政治色彩，但所有组织环境在一定程度上都是政治性的。

对此，一种对策是采取利益相关者的评估方法，询问所有利益相关者他们期望的结果是什么。这在许多行动学习情境中是一个好的实践。这意味着要求人们提出他们的测量标准：你的"成功标准"是什么？个体行动学习者、小组、发起人、委托人或高层团队可以使用专栏3-5中的简单大纲进行评估（适当调整措辞）。

---

**专栏3-5　行动学习的成功标准**

回顾行动学习所要改善的情境：

1. 你如何识别进步？当情境发生变化时，你将如何察觉？（请尽可能具体。）

2. 谁是这个情境的主要利益相关者？他们各自如何识别进步？

（i）

（ii）

（iii）

……

3. 从应对这个情境的过程中，你认为会学到什么？

---

前面已经讨论了评估中的许多挑战，但需要强调的是，在行动学习中，评估既是必要的，也是至关重要的。提高自我评价能力是批判性思维的一个重要组成部分（见第6章），它本身就是一个重要的学习成果。个体、团队和组织能够评价自己的行为和学习成果是成熟的标志。进行更为正式的评估，可以说是行动学习小组共同完成的一个有益任务。例如，通

过与利益相关者的面谈，评估他们的期望在多大程度上得到了满足。作为对他们工作和学习的总体回顾，这个任务是实现"良好成果"的一个极好方法。

一个简单的矩阵（见图3-4）可以用来从利益相关者那里收集他们对行动学习成功标准的看法，这种形式反过来会成为评估的依据。可以通过电话访谈相关人员来填写这个矩阵。这个矩阵将有助于未来的学习和发展。

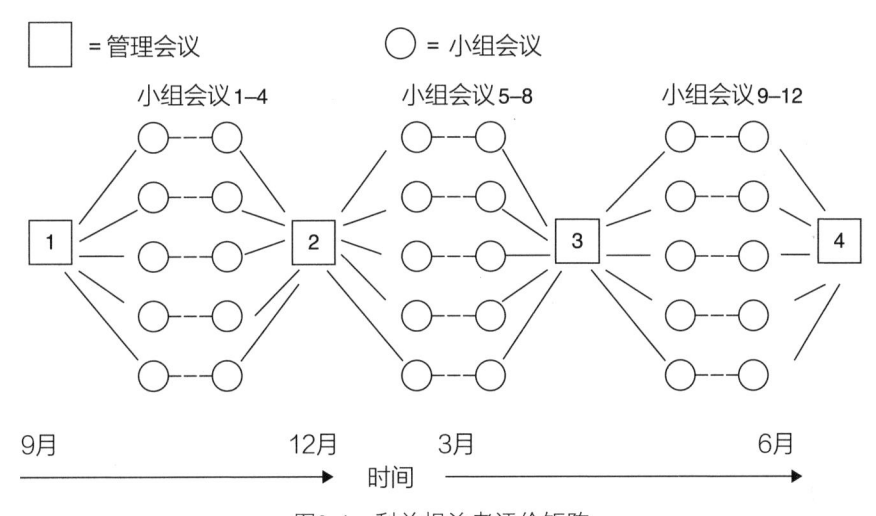

图3-4 利益相关者评价矩阵

作为助产士角色的催化师不必亲自进行评估，但他们在设计中应该有一个重要的说明。评估是每一位行动学习者应该完成的工作，是他们行动学习工作的一部分。在某些情况下，专家也可能提供一些外部的观点。

在阅读下一章关于团队引导的内容之前，记录下你在助产士这个角色中的一些实践笔记吧。

## 我的实践笔记 ❸

**助产士**

联系你当前的实践，记录一些关于行动学习催化师在这一角色方面的笔记。例如，你可以记下自己对以下问题的思考：

- 这是我现在所做的事情的一部分吗？它应该是什么样的？

- 助产士/项目设计顾问这个角色的哪个方面最吸引我？

- 我发现哪些方面更困难或充满疑惑？

- 我在这些方面的发展重点是什么？

关于组织准备度的思考

获取高层的支持和承诺

设计行动学习，包括招募组员、征集课题

设计行动学习项目

评估

**对我的实践笔记3的反思**

阅读我刚才所记录的内容，对我和我的实践来说，这些内容揭示了什么？

## 戴勒商业服务公司
## 行动学习案例分析

### 介绍

戴勒商业服务公司的案例分析分为三个部分，分别位于第3、4、5章的结尾。

该案例展示了行动学习在一家大型企业中的实施情况，并模拟了行动学习催化师的三大角色：助产士/项目设计顾问、团队引导者和组织学习教练。本案例旨在将这些角色应用于实际情境，帮助你在这些角色上进行自我实践反思。

案例基于一个真实情况改编，但包含了从多个项目中提取的数据。在每一部分，你将阅读所提供的信息，并做出你在该情况下的决策。随后，在后续章节中，你可以发现接下来发生的事情的详细信息，届时你也将有机会再次进行反思。显然，这里没有所谓的正确答案。

### 背景

戴勒商业服务公司为公司、公共机构和政府管制行业提供管理和外包服务。最初作为一家私营部门的供应商，它在2008年并购了LGC——一家专门为地方政府提供外包服务的公司，从而将其业务范围扩展到了公共部门。

公司的许多业务都在英国进行，但它也拥有全球性的签约机构，包括在爱尔兰、中国和澳大利亚。在这一高度竞争的商业环境中，戴勒商业服务公司在2008年被《星期日泰晤士报》评为"年度最佳雇主20强"，并且从Best Companies（百思特公司）获得了"杰出员工敬业度"的三星级认证。

LGC成立于1997年，提供包括信息技术、建筑维修、物业管理、交通运输规划以及业务流程（如养老金、薪酬、人力资源和培训）在内的外包服务。当时，LGC的员工主要是从持有合约的议会转入的，其运营方式与之前的体制非常相似，保留了许多结构，主要是地方政府文化。

在行动学习项目实施前的六个月，LGC被解散。当时，它被戴勒商业服务公司并购，所有员工被转移到了新的组织中。

\* \* \*

## 戴勒商业服务公司
## 行动学习案例分析 第一部分

### 第1部分 设计

戴勒商业服务公司的负责人给你发送了以下电子邮件：

亲爱的克里斯蒂娜：

感谢你同意开展一个行动学习项目，以支持管理者度过组织的过渡时期。

如你所知，戴勒商业服务公司最近收购了一家新公司，目的是增加我们为公共部门提供外包服务的产品组合。此次收购涵盖了高度专业化的金融、房地产、人力资源、信息技术、企业和人员服务领域。这些领域由于涉及特许权、专业资格以及专业知识，具有一定的典型性。在组织结构方面，基于直线的方法多年来一直占据主导地位。过去，管理思想发展、领导力和协同工作的话题很少受到关注。

收购完成后，我们成立了一个由六名新的高级总监组成的团队，这些成员是公正地从被收购的公司和母公司中抽选出来的。为这个团队工作的60位管理者都保留了他们原来的岗位。

我们希望即将开展的项目能够实现以下目标：
- 促进管理思维和反思模式的转变；
- 倡导协作和伙伴关系的思维模式；
- 提供一个具有较高成本效益的持续管理开发和自我管理式学习流程；
- 鼓励创新，促进创造性解决方案的产生，以解决企业问题；
- 挑战和激励我们的员工，培养竞争性思维；
- 促进知识、经验和观点的共享；
- 加速个人和组织的学习；
- 关注行动，与真实工作相关联。

你的行动学习演讲给总监们留下了深刻印象。我们希望听到更多有关项目设计的想法，以帮助我们实现这些目标。

代表高层团队，我们希望在周三与你见面，聆听你的建议。

致以诚挚的问候。

迈克

**任务1**

使用第3章的理念，你的任务是为戴勒商业服务公司提供一个行动学习项目的设计建议，并在与高层团队会面时进行演示。

请记录关于以下内容的思考：

（i）可能的设计特征，以及需要考虑的设计因素：

（ii）在演示之前，你需要进一步询问的问题：

（在第4章的结尾，你会找到这个任务的答案。）

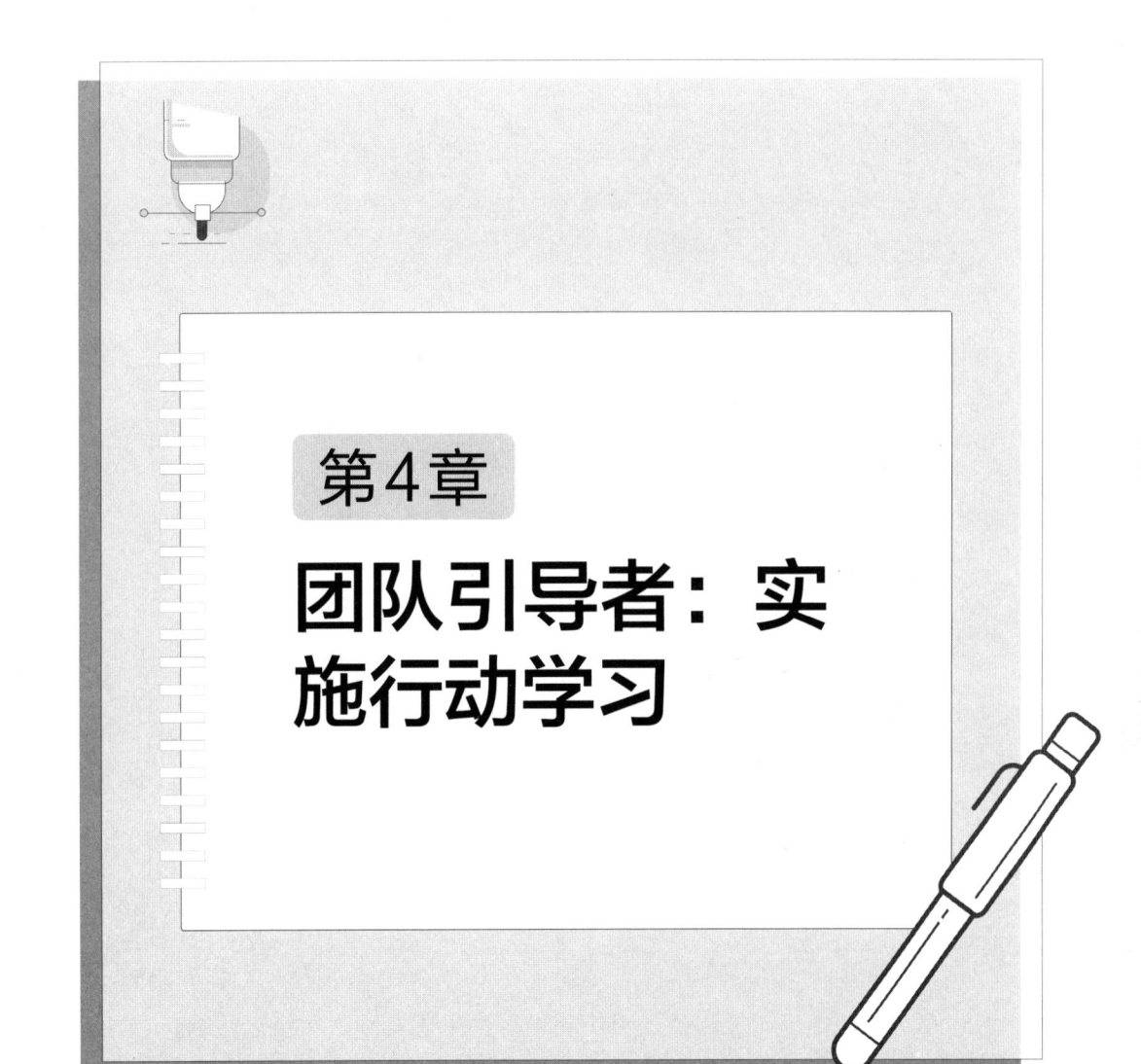

## 第4章

# 团队引导者:实施行动学习

## 本章概览

　　毫无疑问，团队引导者是行动学习实践者最为熟悉的角色。虽然瑞文斯对于大多数行动学习小组使用他所认为的"编外人员"有所顾虑，但这种情况确实存在。我们倾向于使用"团队引导者"而非更常见的"小组顾问"，这样做是为了强调这个角色的本质：正如瑞文斯所设想的，对于小组而言，这是一个顾问和引导者的角色，而非执行者。引导者应避免施加过多影响，以免过度引领。扮演主导角色可能会剥夺小组的自主权，阻碍小组的成长与成熟。只有当小组能够独立运作，不再需要团队引导者的帮助时，团队引导者的工作才算真正成功。

　　团队引导者的重要作用在于帮助他人提高行动、反思、学习和自我引导的效率。因此，他们需要鼓励小组成员发展问题呈现、倾听、提问、反思和行动的技能，这意味着团队引导者必须掌握催化型领导力（见第7章）。他们应以小组为中心，帮助成员相互提供支持和挑战。许多团队引导者努力在逐步提升小组成员的信心和团队自我引导能力的同时，逐步从小组中退出。

　　本章还包括一个有关虚拟行动学习的内容单元，这部分内容也可以独立成章。虚拟行动学习是行动学习的一个重要且新兴的发展趋势，它提出了新的技能要求并提供了新的发展机会。这不仅适用于行动学习，也适用于更广泛的组织和领导力发展实践。本章以戴勒商业服务公司的整体案例的第二部分结尾，该案例的其他部分将在第3、4、5章的结尾处呈现。戴勒商业服务公司的案例展示了在一家大型企业中实施的行动学习干预的完整实践，读者将有机会随着案例的发展，评估自己在行动学习催化师各个角色方面的知识和技能。

# 第4章　团队引导者：实施行动学习

> **章节内容**
>
> - 介绍
> - 小组筹备
> - 为小组会议创建空间
> - 基本规则
> - 会议流程
> - 焦点：行动学习有何不同
> - 支持和挑战
> - 提问
> - 反思、回顾、记录
> - 结尾
> - 虚拟行动学习
> - 我的实践笔记4

## 介绍

在第2章中，我们讨论了瑞文斯对他所称的"编外人员"或"组织者"的团队引导者角色的担忧。他建议这个角色应该有所限制，仅在帮助小组启动时发挥作用。尽管他一直警告说，这种"未介入的引导者"可能会产生一些不良影响（Revans，2011:10），但调查显示，大多数行动学习小组实际上都配备了催化师（Pedler等，2005）。此外，一些研究者现在甚至将这个角色视为核心角色。

以下是支持必须配备团队引导者的几个原因：

- 小组成员对行动学习过程缺乏了解；
- 需要帮助小组成员相互了解；
- 需要有人负责在行动和学习方面为小组提供支持；

- 小组成员缺乏引导团队的技能；
- 参与者或发起人的期望。

从瑞文斯开始，研究者就达成了一个基本共识：有效的引导可以帮助行动学习小组取得成功。团队引导者鼓励提问、分享信息和观点，促进学习显性化，并在处理冲突方面提供帮助。这个关于团队引导者在行动学习中的角色的观点，与常规会议引导者的角色相似，但也存在差异。通常来说，常规会议引导者在目标设定和流程设计方面扮演更主导的角色。表4-1展示了三位研究行动学习相关文章的学者（Edmonstone，2003；O'Hara等，2004；Casey，2011）与两位研究常规会议引导相关内容的学者（Weaver和Farrell，1997；Heron，1999）的观点对比。

表4-1 关于行动学习中的团队引导者和常规会议引导者的观点汇总

| 行动学习中的团队引导者（Casey，2011） | 行动学习中的团队引导者（Edmonstone，2003） | 行动学习中的团队引导者（O'Hara等，2004） | 常规会议引导者（Weaver和Farrell，2003） | 常规会议引导者（Heron，1999） |
| --- | --- | --- | --- | --- |
| • 帮助小组成员表达自己的想法<br>• 帮助小组成员理解他人的想法<br>• 澄清行动学习的各种过程<br>• 帮助他人接手任务1、任务2和任务3 | • 理解自我<br>• 理解小组<br>• 为小组赋予意义<br>• 推动干预措施，如以身作则、鼓励协作、维护良性环境、鼓励参与、管理时间、通过提问和反思促进学习 | • 提问技能<br>• 积极倾听技能<br>• 给予和接受反馈的能力<br>• 理解小组流程<br>• 创造性解决问题的技能<br>• 反思技能<br>• 理解学习的过程 | • 任务：小组所做的工作<br>• 流程：帮助小组完成任务的行动和过程<br>• 小组：理解<br>• 自我认知与理解 | • 规划：目标导向<br>• 意义：从团队/群体和个人经验中寻找意义<br>• 直面：提升对于阻力的意识<br>• 感受：管理情绪<br>• 构建：学习的构建<br>• 价值观：坚持诚信和尊重 |

行动学习中的团队引导者与常规会议引导者在许多技能上是相似的，例如："有效的引导者理解并鼓励小组改善群队动力学。他们知道

如何利用自己的存在来帮助小组完成任务，提升团队效能。"（Wilson，2010：292）然而，两者之间存在一个非常重要的差异：在行动学习中，催化师通过"洞察性提问"激发小组的学习、反思和问题解决潜能，帮助小组成为一个强大的行动和学习系统（Lowe，2010：85-87；Wilson，2010）。

通过对英国国家医疗服务体系（NHS）领导者行动学习项目的研究，我们发现了大量实用方法，通过举例和实践来增加团队引导者的价值（Pedler和Abbott，2008，所有引用均来自小组参与者）：

### 1. 个人信念和对行动学习的承诺

团队引导者必须经过精心挑选，因为引导与培训之间存在区别。他们必须非常自信，并且深信行动学习的价值。如果团队引导者没有真正掌握行动学习的精髓，他们可能不知道如何管理过程，也不知道如何控制多元化的行动学习小组。团队成员可能会感到困惑，每个人都希望别人给自己分配任务（在之前的小组中，有一个比较强势的团队引导者）……他早就应该告诉大家：你们要为自己把握方向，找到自己的任务。

### 2. 目标意识

团队引导者对目标非常明确……是目标驱动我们度过困难时期。

当事情变得棘手时，如国家医疗服务体系去年所遇到的，小组中的许多人甚至不知道他们是否会失去工作，很难抽出一天时间来参加行动学习。没有目标，没有清晰的任务，我们就无法继续前进。团队引导者迅速注入了目标感和活力。

### 3. 结构和纪律

我们有一个结构化的描述方法来说明自上次会议以来所采取的行动中发生了什么；我们有清晰的客观证据来说明发生了什么；我们讨论了所发生事情的影响；然后探索了各种可能的行动方案。

他来自一个独立的部门，非常强大，对行动学习非常投入，他知道如何表达……例如，他会问："你们想如何开展下一次会议？"他一直明确表示，这是我们的小组，他总是为我们留出个人的时间。

### 4. 支持

她倾听问题的讨论，帮助我们思考，澄清我们的想法。

她表现出真正关心你和你的项目——这听起来有点感性，但非常重要。

### 5. 挑战

她是一个至关重要的朋友。

她也要求我们重点挑战那些更为固执己见的人。她认为我们有点"偏软"。我们确实进行了挑战，但以一种友好支持的方式进行。我们大多数人的职业是护士，都是富有爱心的人。我认为有些小组成员确实变得更具挑战性了。

### 6. 反馈

这就像通过单向镜看自己：作为参与者，我们描述一个经历，其他人将他们所看到、听到和反思的内容反馈给我们。在镜子后面，引导者帮助我们理解在镜子对面正在发生的事情，理解我们在想什么，有什么样的感觉，想要什么。

我们被鼓励描述情况，然后进行自我评价，说出我们期望的结果。小组对他们所听到的内容给出反馈，最后我们每个人都会对学习点达成共识。

### 7. 鼓励采取行动

小组鼓励我们为自己采取行动。小组特别影响了我，尤其是通过日常工作之外的反思时间——如在参加会议的往返路上——我会思考："嗯，我可以尝试这个。"

### 8. 自我认知

我们的催化师非常清楚自己的喜好以及何时应该表达它们。这种自我认知的公开展示本身就是一种教育。

### 9. 关于学习的学习

我学到了一种新的学习方法。起初我是持怀疑态度的。我原以为这只是一天的讨论——我们在一个风景优美的地方开会，经常去散步——感觉很放松！催化师对这一切的发生至关重要——这不仅仅是一个清谈的俱乐部，而是一个真正的学习过程。我现在更可能与同事在喝咖啡或散步时讨论行动，而不认为这是浪费时间——在我的深度对话中，我已经变得更加有目的性。

### 10. 对小组的责任

我们的催化师给我们留下了深刻的印象：他对小组负有责任。他所做的比一个普通参与者要多得多，他请求别人对过程提供反馈，探索自己对他人的影响。

## 小组筹备

在小组会议之前，有许多重要事项必须处理，第3章中我们已经讨论了其中的大部分。然而，我们还需要在会议的实践和后勤方面做好准备，包括：

- 安排并检查会场；
- 确保为残障人士提供便利设施；
- 提供交通或停车设施；
- 安排茶点；
- 核对会议时间表；
- 预约并联系小组成员。

通常，这些工作最好由小组成员来完成。一方面，这是出于客观因素的考虑——他们最熟悉本地资源；另一方面，这些看似琐碎的"管家"类任务实际上是迈向自我管理和自我引导的重要一步。有时，团队引导者必须自己承担这些工作，特别是在团队发展的早期阶段。还有一些任务是不能授权的，如在会议前联系成员并鼓励他们做好准备。专栏4-1提供了帮助小组成员做好准备的相关参考问题清单。

---

**专栏4-1　行动学习问题清单**

这些问题将帮助你思考某个适合行动学习的难题、机遇或课题：

1. 请用一句话描述你的情境、难题或挑战。

2. 为什么这很重要？
   （i）对你个人而言？
   （ii）对你的组织而言？

3. 你将如何判断这个难题的进展情况？

4. 还有哪些人可能会关心这个难题的进展？

5. 你预期会遇到哪些困难？

6. 如果难题得到缓解或解决，会有哪些收益？
   （i）对你个人？
   （ii）对其他人？
   （iii）对组织？

资料来源：改编自 Pedler（2008:47-48）。

团队引导者还需要进行其他一些必要的准备工作：阅读之前会议的记录（见下文中的反思、回顾、记录），并做好情绪和心理上的调整。团队引导者要确保自己"真正出席"，在心理和生理上都保持良好的状态，这可能包括一些特定的活动，如冥想（Owen，1997；Caulat，2006）。每个团队引导者都有自己的实践方法：我们中有一位团队引导者无论在什么场合都喜欢提前到达，依次坐在每把椅子上，从不同角度观察共享的空间。

## 为小组会议创建空间

为学习小组创造一个良好的环境至关重要。正如埃德蒙斯通（2003）所指出的，一个不良的环境或小组缺乏适当的边界保护，都可能破坏所需的空间质量。一位参与者这样描述：

我们最终使用了一位成员的办公室，当时看起来似乎是个好主意……但是……这种节省成本的做法很可能是错误的。毕竟我们在工作……（以及）……我很难切换到学习模式。那位提供办公室的成员很配合，关掉了手机等，但这并没有阻止人们走进来说"既然你在这里，请你看看这个"。在休息时间，很明显，我们都赶紧跑出去"只是复印个文件""只是打个电话""只是去安排x、y、z"。

（Pedler和Abbott，2008:191-192）

地点和环境对于确保小组成为一个人们可以全心投入的"沟通空间"非常关键（Rigg in Mead，2006:160）。如果这个空间质量很差，人们就无法静下心来，需要"调整情绪"以应对他们工作环境所带来的压力和要求（Mead，2006:159-161）。

## 基本规则

基本规则是小组成员之间共识的行动与学习契约。这些规则不仅是大家共同工作的方式方法，也是行动学习价值观的直接体现。

每个小组应创建自己的基本规则，以形成自己在会议周期中的工作方式。要营造一个既有支持性又有挑战性的学习环境，我们需要哪些基本规则？表4-2提供了一些小组规则的示例。

表4-2 一些基本规则

| 具体规则 | 行为规则 |
| --- | --- |
| • 准时出勤<br>• 控制开会和休息时间<br>• 澄清利益冲突<br>• 回顾基本规则<br>• 会议纪要：谁保存笔记，笔记记录如何处理<br>• 每个人都有平等的话语权和时间<br>• 如何庆祝小组成功与集体聚会安排<br>• 使用"行话" | • 保密<br>• 承诺<br>• 彼此尊重<br>• 不评判<br>• 为自己负责<br>• 使用"我"而非"我们"："我们都知道"变成"我知道"<br>• 相互支持和挑战<br>• 有说"不"的权利，或者拒绝回答问题或挑战的权利 |

保密通常会被首先列出。团队引导者可以通过提问来探询："具体来说，保密对我们意味着什么？"例如，小组成员可以在小组之外讨论他们学到的内容吗？如果可以，应如何说，对谁说？

提出这些问题可能会让人觉得看似简单的事情其实并不简单。在一个案例中，一位小组成员披露了组织中的欺诈行为，但他声称小组已经签署了保密协议，因此他们必须对此保密。这引起了极大的不安，小组从此再也没有完全恢复过来。也许没有最终的防范措施，但通过测试假设和理所当然的限制条件，引导者可以有效地帮助小组对每条规则的含义达成共识。

基本规则应被视为临时性的，并且可以更改。团队可以在任何会议中重新审视这些规则，并考虑它们是否仍然适用。

## 会议流程

虽然没有固定模式，但小组应形成自己的会议节奏。通常，一次小组会议应包括以下活动：

- 回顾：这是一个简短的环节，成员在其中分享自上次会议以来采取的行动和取得的进展。作为会议的开始，这有助于将所有小组成员的注意力集中到同一议题上。然而，时间控制可能存在挑战，因为回顾环节容易超时。为此，各小组制定了各种严格的控制方法，有些甚至设定了具体的时间限制。
- 设置会议议程：包括建立一个轮流发言的顺序；尽管许多小组都有"每位成员拥有相等时间"的规则，但在此可以根据个人议题的紧迫性，通过集体协商进行调整。
- 轮流讨论：呈现挑战或问题、接受提问和反馈（详见下文"支持和挑战"部分）。这通常占用大部分会议时间，并可能遵循以下模式：每位成员报告自上次会议以来的进展，描述他们对问题的看法，接受其他成员的提问和反馈（详见下文"提问"部分），考虑可选方案，并对下次会议前将采取的行动做出承诺。
- 学习回顾：成员回顾自己的学习过程，包括个人回顾和小组集体回顾（见下文"反思、回顾、记录"部分）。

## 焦点：行动学习有何不同

对于团队引导者来说，在开始时反思沟通模式和沟通焦点是非常有用的。一旦注意到这一点，这种意识就会成为小组成员的自发行为。无论小组采用何种工作模式，行动学习小组在沟通方面都会有一个显著特征。与讨论小组按照主题逐步展开的规则不同，行动学习小组将其焦点放在人和问题之上（见图4-1）。

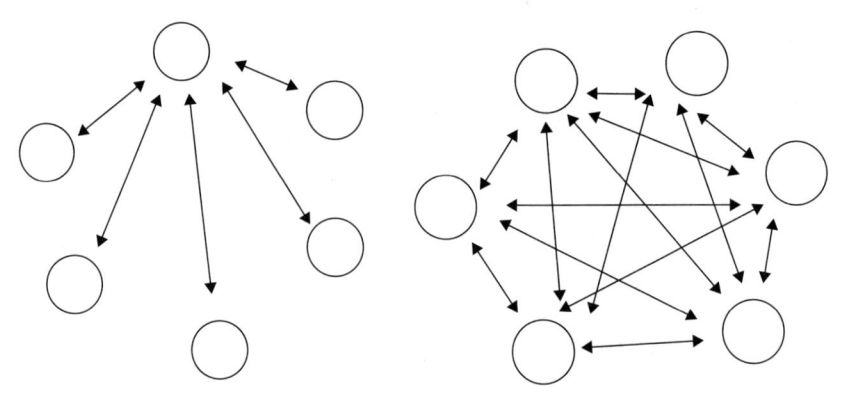

行动学习模式：焦点放在人和问题上　　讨论小组模式：焦点放在主题上

图4-1　行动学习模式与讨论小组模式

注：行动学习模式中的沟通核心是问题所有人，而不是行动学习催化师。

对人的关注确切地来说是"人+问题+情境"的简称（见图4-2）。

图4-2代表了瑞文斯的α、β和γ三个系统在小组的"沟通空间"中出现的一种方法（1982:625-651）。行动学习小组所能够发挥的关注和聚焦的力量在于"聚光"于某一个人（这时他可能感觉有些不适或不舒服），同时也要阐明问题和采取行动的情境。

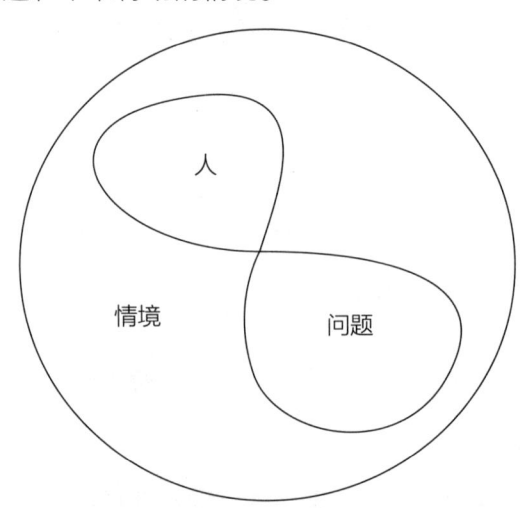

图4-2　人+问题+情境系统

## 支持和挑战

无论是比较不同小组之间,还是同一小组在不同时点的表现,小组的有效性都存在显著差异。团队引导者可以鼓励小组成员追求那些在没有小组帮助下无法实现的成果,以此增加小组的价值。由于需要满足团队成员、委托人和发起人的多维评价标准,一个成功的小组必须在支持与挑战之间找到平衡。理想情况下,我们希望一个团队能够同时具备高支持和高挑战(见图4-3)。

一个常见的错误是过早地尝试过多的挑战。瑞文斯曾说,温暖要先于光明。在一个小组中,要实现高水平的挑战,必须先建立高水平的支持,而这种支持来自瑞文斯所说的"逆境中的伙伴"。

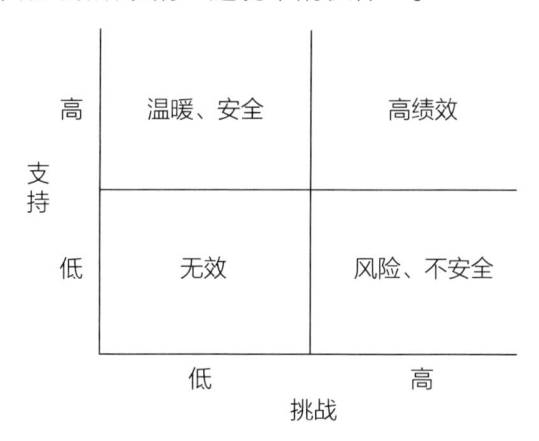

| | 低 挑战 | 高 挑战 |
|---|---|---|
| **高 支持** | 温暖、安全 | 高绩效 |
| **低 支持** | 无效 | 风险、不安全 |

图4-3 支持与挑战的平衡

对人们最好的支持是倾听;最好的挑战是提出一个好的问题。好的问题可以让你停下来思考你正在做什么,以及为什么要这样做。的确,我们常常能找到一些看似有效的简单解决方案,但这些方案并非真正的解决之道,否则这些学习机会就不会如此稀缺。首先,训练有素的引导者深知,支持和挑战的层级是行动学习小组的关键指标,就像血压对人体健康的重要性一样。

作为一名团队引导者,对于一个小组首先要注意的是团队氛围的冷暖程度：它是正面的还是混乱的？如果这些特征不平衡，引导者可以要求小组根据图4-3所示的两个维度进行自评，然后请他们思考当前的小组氛围会带来什么后果，以及对工作可能产生的影响。

## 提问

洞察性提问源于新洞察的获得，这种新洞察是通过小组成员在他人帮助下质疑自己及其情境的方式获得的，尤其是当他们对自己以前可能从未考虑过的问题进行质疑时。瑞文斯的三个问题（1982:715）适用于各种环境：

- 谁知道（明白）这个问题？
- 谁在乎这个问题？
- 谁能为它做点儿事？

这些问题与人类行为的三个核心过程相关：思考、感觉和意愿（见图4-4）。

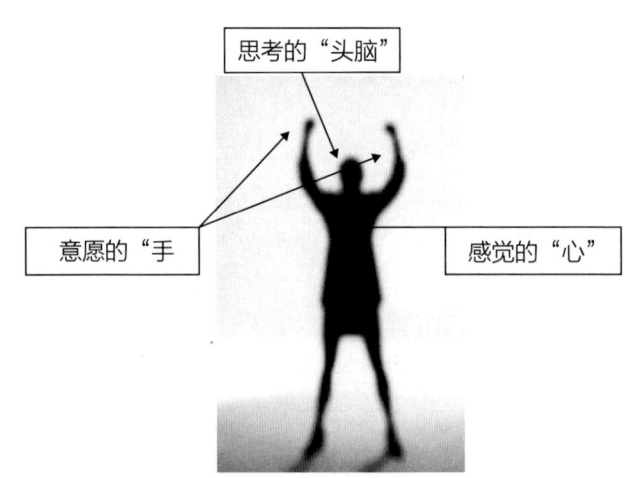

图4-4 思考、感觉和意愿

**思考**涉及关于想法、事实和理论的探讨，传统上被认为与头部相关，心理学家称之为"认知"。探索思考的提问是通过寻找信息、假设和备选方案来完成的。例如：

- 你能告诉我更多关于这个问题的内容吗？
- 你的客户对你说了什么？
- 是什么让这个问题如此激动人心/重要/充满挑战？
- 还有哪些人涉及其中？
- 谁有权力让这件事发生？
- 解决这个问题对他们有多重要？
- 你需要谁的帮助？
- 谁有相关的专业知识？
- 你如何解释这些数据？
- 你从收到的反馈中学到了什么？
- 小组是否有固定的开会模式？

**感觉**涉及关于感受、情绪和情感的探讨，传统上与心脏相关，心理学家称之为"情感"。探索感觉的提问是通过探索感受、反应、同理心和直觉来实现的。例如：

- 这件事为什么对你如此重要？
- 当你听说这件事时，你感觉如何？
- 如果我处于那种情况，我会生气，你呢？
- 小组刚才对你的提问，你感觉如何？
- 还有谁关心这种情况？
- 你认为是什么在阻碍这种情况？
- 你说别人不感兴趣——他们的兴趣点在哪里？
- 关于这个问题，你的直觉告诉了你什么？
- 你现在感觉如何？
- 你对此有何感受？

**意愿**涉及关于意图、运动和行动的探讨，传统上被认为与手和脚相关，心理学家称之为"意向"。探索意愿的提问可以通过探索行动、方向、计划和目标来实现。例如：

- 你能描述一下未来一年、五年和十年后事情将如何发展吗？
- 你将如何决定采取哪些行动？
- 你需要什么样的帮助或支持？
- 你将如何获得这些支持？
- 你有哪些选择？
- 你接下来打算做什么？
- 如果你的计划得到批准，你将如何通知团队？
- 为了确保下次还能取得良好效果，你能做些什么？
- 你上次提到要向你的经理提出这个问题，你打算何时提出？
- 在下次会议上，我们需要做些什么？

在行动学习中，还有一个第四维度——学习，这是团队引导者需要特别关注的。关于学习的提问旨在促进审视、反思、回顾和评价：

- 自上次会议以来，你实现了什么？
- 是什么促成了这些成果？
- 你从这次经历中学到了什么？
- 作为一个小组，我们实现了什么？
- 什么因素对我们有帮助？
- 我们有哪些可以做得更多或更少的地方？
- 回到工作中，你如何创造类似的机会？
- 哪些条件促进了我们/你们的学习？
- 我们如何促成变化？

团队引导者通常会示范这类提问，尤其是最后一组问题，以确保所有成员都能掌握这一宝贵技能。小组成员越有能力，他们就越有可能实现自我引导。他们可以轮流或集体承担这个角色。正如戴维·凯西（2011）在表4-1中用最简洁的语言所说的，团队引导者的角色可以概括为四个任务：

帮助小组成员表达自己的想法、帮助小组成员理解他人的想法、澄清行动学习的各种过程、帮助他人接手任务1、任务2和任务3（这是我们关注的重点）。

## 反思、回顾、记录

在某些职业领域，如卫生和社会保健，对实践进行回顾、反思并记录学习点是职业发展的一个重要标志。尽管在其他职业领域这不太常见，但学习实践，以期在未来做得更好，也是成为一名专业人士的基本要求。

马歇尔（2001）提出了反思性探询的两个关注轨迹：内部轨迹和外部轨迹。内部轨迹关注我们的假设、活动模式、对他人的反应、使用的语言以及对正在发生事件的理解方式。外部轨迹则关注我们周围发生的事情、我们如何影响他人、如何维持或改变一种状况、如何测试假设以及他人如何理解相同的事件。这两个关注轨迹对于小组成员对小组会议进行反思都可能是有用的。这可以通过在会议结束时使用回顾表来实现。每位小组成员迅速填写表格，并与他人分享，同时也可以作为记录保存下来。通过回顾这些记录，为后续会议做好准备（见专栏4-2）。

---

**专栏4-2　小组会议回顾表**

在与其他成员分享你的想法之前，请先花5分钟独自反思一下小组在以下几个方面的工作情况：

1. 我的问题/挑战：关于我今天的课题，我学到的三个关键点是：

（i）

（ii）

（iii）

……

2. 我自己：今天，关于我自己，我所学到的一件事情是：

3. 行动：在下次会议之前，我要采取的行动步骤是：
   （i）
   （ii）
   ……

4. 其他小组成员：今天，在其他每位小组成员所面临的问题方面，我学到的最有意义的事情是：
   （i）
   （ii）
   （iii）
   （iv）
   （v）
   ……

5. 小组：关于小组的工作，今天对我来说印象最深的是：

以前还采用过另外一种"思考/感觉/意愿"模型（见专栏4-3）。

## 专栏4-3　小组研讨回顾表：思考/感觉/意愿

在与其他成员分享你的想法之前，先花5分钟独自反思一下小组在如下几个方面的工作情况：

| 思考——<br>现在，我如何看待自己的问题或课题？ | 感觉——<br>现在，我对自己的问题或课题的感受如何？ | 意愿——<br>关于自己的问题或课题，我现在打算做什么？ |
|---|---|---|
| 思考——<br>我如何看待小组工作？ | 感觉——<br>我对小组工作的感受如何？ | 意愿——<br>我打算在小组中多做些什么，少做些什么？ |

学习日记是培养反思习惯的另一种方式。这种方式不仅可以用于记录小组会议，还可以与工作实践相结合，尽管它需要自律和对提高工作质量的承诺。个人学习日记的另一个应用是，小组成员可以通过每周发送电子邮件的方式，就工作中的关键事件进行反思。

在第8章中，我们将探讨团队引导者如何通过自我反思来改善他们的实践。作为一名引导者，你可能会做一些笔记，以保留一个基本的记录，便于将来进行反思。这可能包括小组成员承诺的行动、你在下次会议之前需要采取的行动等。

专栏4-4提供了一个学习日记或日志的示例。

> **专栏4-4　学习日志**
>
> 日　期：
>
> 地　点：
>
> 出席人：
>
> 会议总结：
>
> 对此次会议中谁做了什么事进行打分：
>
> **氛围**：团队引导者 ·················································· 小组成员
>
> **提问**：团队引导者 ·················································· 小组成员
>
> **反馈**：团队引导者 ·················································· 小组成员
>
> **支持**：团队引导者 ·················································· 小组成员
>
> **挑战**：团队引导者 ·················································· 小组成员
>
> 下一次小组会议上，我能做些什么，以便将更多的责任转移到小组成员身上？
>
> 小组什么时候可以自我催化，这样我就可以退出了？
>
> **为了下次会议，我要采取的行动是什么？**
>
> （ⅰ）
>
> （ⅱ）
>
> （ⅲ）
>
> ……

在任何行动学习的笔记中，最后需要考虑的一点是：这些笔记是否被视为严格保密的个人隐私？或者，它们是否可以被其他人阅读？关于这一点的共识，可以作为基本规则的一部分。

## 结尾

好的结尾是小组工作的最后一步。即使小组从一开始就设定了固定的会议次数来确定其生命周期，但在这一期限结束时，他们是否还会继续下去的问题仍然存在，不论这个问题是否明确。从一开始就确定会议次数，如四到六次，就形成了一个自然的回顾点，并应有助于小组成员自由讨论他们想要什么。如果小组决定继续，那么无论对于团队引导者的逐步退出还是小组起草一份新合同而言，这都是一个良好的时机。

如果小组决定理性地结束，这时候就是一个重要的庆祝机会。承认取得的成就可以有多种形式，从简单的饮酒庆祝到交换礼物，再到包括利益相关者在内的详细评估过程。通过这个评估，小组可以总结两年的工作。为一段时间的高效合作画上句号，并做出恰当的评价，这本身就是一项有价值的成就。

对于团队引导者来说，在小组结束之前撤出是一个棘手的任务，即使最初已经表明了这一意图。尽管许多瑞文斯行动学习的实践者认为，小组变得独立并能进行自我引导是成功的标志，但团队引导者也可能与小组成员建立了友谊。当然，还有其他因素，正如第2章中引用南希·迪克森的观点，放弃一个被视为"睿智且有洞察力"的、吸引人的角色是非常困难的。

虽然这一过程无法避免，但作为团队引导者，你可以采取一些措施使你的退出更加顺利，你可以：

- 清楚地意识到小组可能过度依赖你作为团队引导者的风险，并在适当的时候与小组分享这种意识；
- 让小组从一开始就明确你希望退出的意图——如果可能，告诉他们你可能在项目的哪个阶段退出；

- 为小组提供一个关于你参与时间的"规划",例如,如果承诺有六次会议,你可以只承诺参加四次,让他们决定哪些会议需要你的引导(这也有助于小组发展自我引导的能力);
- 在小组会议上,不断认可成员的进步和他们的自我引导技能;
- 鼓励成员在你面前轮流担任引导者的角色,并接受反馈;
- 注意你自己离开小组时的感受,并在合适的时机表达出来;不要假装这样做很容易。

## 虚拟行动学习

到目前为止,本章所持的假设是行动学习小组主要进行的是面对面会议。虽然几年前,虚拟行动学习还令人感到新奇,但对于行动学习催化师而言,虚拟行动学习现在已经成为一个重要的新兴实践领域。新兴技术带来的虚拟生活和学习时代正在改变人们的互动方式。一些人认为这一现象极为重要,甚至认为它正在改变人类存在的意义本身。我们正在变成具有不同思考模式的"数字原生代":"他们发展了电子化思维。他们跳跃式地思考。似乎他们的认知结构是并行的而非串联的。"(Winn in Shepherd,2011:20)

虚拟行动学习被定义为"通过一系列可行的、互动和协作技术,在虚拟环境中而非面对面环境中发生"(Dickinson等,2010:59),它已成为一个包含多种同步和异步方法的总括性术语:

- 同步类(实时或同步交互)包括即时通信、网络研讨会、音频和视频会议。在这些方式中,参与者可以实时倾听和回应,就像在同一个房间内协作一样。
- 异步类(延迟交互)包括播客、录制信息和留言板。这种方式允许在约定的时间范围内发布或回复问题,有助于跨不同时区的人们工作,或以非传统模式进行工作。

专栏4-5提供了一个全球运输公司实施虚拟行动学习的实例。

### 专栏4-5　一家全球运输公司的虚拟行动学习

　　一家全球运输公司将行动学习作为其高级管理项目的组成部分。虽然该项目被认为取得了成功，但它依赖于一个模式，即来自世界各地的管理者集中参加为期一周的工作坊。在这一周内，行动学习小组在第一天和第五天举行会议，中间是为期三天的培训工作坊。这种方式不仅成本高昂、令人疲惫，而且耗时。当该工作坊转变为在线学习时，尝试虚拟行动学习的机会随之到来。

　　起初，我们认为这个过程非常简单——只需通过公司的网络会议软件进行行动学习即可。我们未曾预料到会有问题，实际上，管理者应该欣赏这种免去出差的灵活性，同时还能节省资金和时间。然而，实际情况并非如此，因为这不仅仅是"同样颜色的一个色度"，而是"全新的颜色"。

　　在电子论坛的支持下，一位外部团队引导者利用公司系统为行动学习提供引导。一年后，公司为该项目建立了一个网站，该网站设有"人员墙"，小组成员可以在其上张贴照片和个人简介。还有一个"小组会议墙"，为每个小组提供了私人空间，会议细节、协议和基本规则都可在此发布。此外，还有一个"沟通墙"，小组可以在此张贴任何他们认为对其他小组有帮助的信息。

　　项目结束后一年，公司对行动学习项目进行了评估，并收集了来自参与者、引导者和发起人的以下评论：

**参与者的评论**

| 异步 | 同步 |
| --- | --- |
| □ 依赖于严格的参与纪律。 | □ 容易退出或提前离开——连接可能会中断，这种情况我已经受够了。 |

- 我可以在任何适当的时机，以任何方式做出贡献——无论是使用我的电脑还是手机。
- 我发现理解"谈话"的语气很难。在文化上存在一些障碍，例如，在我的文化中，感叹号具有攻击性，而在其他文化中可能表示幽默。
- 我对自己所写的内容非常谨慎——因为它将永久保存，并有可能被断章取义。
- 作为一个爱反思的人，我真正能够花时间对回应进行深思。
- 使用另一种语言工作，我可以花时间进行准确的翻译。
- 纪律让谈话更加集中。
- 容易忽视某些人的存在。
- 很难具有挑战性——我不了解提问的背景。
- 我们在彼此的工作场所面对面开会，这意味着我们对彼此的工作环境有所感知——我真怀念这一点。
- 没有讨论到参与的质量。
- 不再需要为了一天的活动而出差，这真是太棒了。
- 我喜欢地点的变化——可以把工作暂时放在一边——但这种方式让我很难做好准备，因为在我的办公桌上，前一分钟我可能还在工作，下一分钟我就需要进入讨论状态。
- 会议依赖于可靠的技术——虽然你在欧洲或美国可能没问题，但如果在安哥拉怎么办？
- 时区差异意味着，作为唯一的美国人，我需要在凌晨起床。
- 感觉交流更有针对性。
- 很容易进行自我引导。
- 我可以专注于倾听，不受视觉干扰。
- 我怀疑有人会录音，或者有人监听并监控整个过程。
- 我不知道人们是否真的在倾听。

- [ ] 难以退出，因为有参与的书面记录。
- [ ] 我不停地在论坛上寻找我贴出问题的回复——这让我感到有压力。
- [ ] 易于自我引导——例如，每个人打开论坛就可以掌握这个空间。
- [ ] 我发现自己在提问和回应上过于投入了。一方面，这种活动帮助我提升提问技能，但另一方面，它太耗费时间。
- [ ] 自己很难从工作中脱身——即使我已经进入会议空间，但我的思绪仍然还在原位。
- [ ] 我的英语不太好，有很重的口音——我发现很难理解别人和被别人理解。如果是面对面交流，我可以做得好一些。
- [ ] 我喜欢小组的匿名性——我可以选择我是谁，创建一个角色，并进行表演。

**团队引导者的评论：**

- [ ] 我发现很难跟上论坛的速度；然而，我可以为小组会议预留时间，而讨论板却永远让你觉得你必须时刻在线（异步）。
- [ ] 我发现，当参与者在论坛（异步）对项目发表一些负面评价时，我会感觉很难过——如果是面对面的话，这些是可以得到控制的——但在书写的世界里，它可能会造成伤害！
- [ ] 在使用技术（同步）方面，我绝对落后于小组成员，因为我使用的是他们的内部系统，他们比我熟悉得多——所以在开始时，我经常感到笨拙，当他们对我失去耐心时，我觉得自己很愚蠢。
- [ ] 我发现它真的能够将大家的注意力集中在会议（同步）上。
- [ ] 当我们向大家介绍一个网站时，上面有各种各样的版面——它创建了一种社区意识，这种意识以前是缺失的，并开始在小组会议中为活动创建一个共享的意义。

**发起人的评论：**

- 毫无疑问，这节省了培训预算，但管理者说，他们可以通过在总部开展其他业务来证明这笔预算是合理的，或者说，与其他人在一起，再次更深层次地体验总部环境，也是一种丰富的体验。

- 组织彼此之间没有建立起像面对面小组一样的感情，在面对面小组中，他们一起吃饭、一起喝酒、一起看球赛等。（网站在第二年起到了这个作用。）

- 该项目反映了我们的工作方式——许多会议现在就是通过内部网络研讨会技术来进行了。

- 参与虚拟行动学习的管理者似乎更有信心了，对虚拟商务会议更熟练了，无论是在内部还是在外部——这一点非常重要，因为这就是我们现在做生意的方式。

在这种情况下，很明显，虚拟行动学习创建的相关人员、流程和技术的"沟通网络"为行动学习催化师提出了一些新的专业问题。

表4-3考虑了设计、引导和组织学习这三个方面的内容。

表4-3 虚拟行动学习中的设计、引导和组织学习

| | 设计 | 引导 | 组织学习 |
|---|---|---|---|
| 人 | • 语言障碍和文化书写规范<br>• 培养社会存在感<br>• 理解组织内的工作条件和规范，如工作时间和周末的工作安排 | • 了解在线沟通的适当界限<br>• 发展虚拟沟通技能，如更高水平的倾听和感知技能<br>• 学习新技能的能力 | • 组织的在线信任度<br>• 允许参与者在工作期间"离开工作场所"<br>• 对组织文化环境的理解 |

续表

|  | 设计 | 引导 | 组织学习 |
|---|---|---|---|
| 流程 | • 设定密码<br>• 时区差异及参与者平等性问题<br>• 管理小组会议的电子资料<br>• 在线协议的制定<br>• 在线沟通的法律要求，特别是在一个完全陌生的小组中 | • 明确合作期望<br>• 制定清晰的日程并在关键节点进行总结<br>• 确保每个人的观点都被倾听<br>• 通过解读和解构文字，培养反思能力和社会知识建构能力，培养在网上公开反思的集体能力 | • 获取在线环境保留的数据，为组织实践提供信息<br>• 将离线活动和在线活动结合在一起，这样不仅可以利用流程来决定实践，还可以利用实践创造新知识<br>• 制定个人或集体在线学习日志 |
| 技术 | • 技术的可获得性和可靠性<br>• 确保所有小组成员都能获得平等且兼容的系统<br>• 尽可能利用现有技术<br>• 参与者对技术的准备度以及他们对参加会议的心理准备度<br>• 技术准备和引导者的培训 | • 与小组一起使用技术解决方案来检查情绪或"点头"，如张贴表情符号<br>• 久经考验的技术，如电话会议，可能比复杂的网络会议网站更优，后者虽承诺众多，但需要时间学习掌握，且可能无法完全实现预期功能 |  |

### 在线沟通

有人认为，在虚拟环境中，引导者和小组成员需要掌握不同的沟通技能（Caulat，2006；Caulat和De Haan，2006；Dickinson等人，2010；Caulat，2012）。有经验的引导者能够解读视觉线索，如眼神交流，但在线沟通则需要依赖协议和其他方法来感知沟通场景，如注意力练习、打断以及"虚拟点头"（Caulat，2006）。

安排虚拟空间是准备虚拟行动学习的一个重要环节。在同步会议中，这可能包括提前进入虚拟空间检查技术，并使用欢迎幻灯片和音乐来迎接小组成员。这样做的实际效果是让到场的成员有机会测试他们的视听设备。

虚拟环境中的基本规则更为重要。除了任何面对面小组中的规则，还可能包括以下内容：

- 关闭其他互联网设施，如电子邮件、微博等；
- 成员离开虚拟空间时通知小组的方式；
- 失去连接时该怎么办；
- 语速放慢，耐心等待回应；
- 使用投票和表情符号表示在倾听；
- 使用会议期间制作的材料。

会议结束后，整理虚拟环境意味着决定如何处理白板上的工作或聊天文件，删除投票和任何其他补充材料。

虚拟行动学习已经取得了强劲的发展，预计将与虚拟领导力一起进一步发展（Caulat，2012）。在任何行动学习催化师的实践中，它的重要性都会增加。

### 虚拟领导力

这些虚拟工作的新习惯和新技能可能非常有效。在一个安静的空间里独自工作，同时与他人进行专注的沟通，可能会比我们更习惯的忙碌而分心的面对面会议产生更有成效的结果。这种可能性引出了虚拟领导力理论（Caulat，2012）。

如果虚拟行动学习有效，那么为什么这种工作方式不能适用于人们分散在各地、必须通过远程通信组织起来的所有情况呢？虚拟工作的优势在于，无论身处何地，都能将最优秀的"大脑"投入最艰巨的任务中，同时还能大大降低全球组织过程中的各种成本和压力，包括个人、组织和环境方面的成本和压力。

由于虚拟领导力必然强调关系而不仅仅是任务，因此可能会以意想不到的方式发展领导力。虚拟领导者必须学会把大部分精力投入建立和维护关系上，而这种重视会促进个人的反思和对真实性的追求。要解决棘手的组织和社会问题，个人诚信和持续的自我发展似乎是领导力的关键，而虚拟领导力——发生在我们之间的引导"瞬间"——是帮助实现这一点的新工作方式之一。

## 我的实践笔记 ❹

**团队引导者**

联系你当前的实践，记录一些关于行动学习催化师在这一角色方面的笔记。例如，你可以记下自己对以下问题的思考：

- 这是我现在所做工作的一部分吗？应该成为其一部分吗？

- 这个角色的哪一方面最吸引我？

- 我发现哪些方面更加困难或有问题？

- 在这些方面，我需要优先发展的是什么？

- 我是否为小组会议创造了合适的"对话空间"？

在小组会议期间，我的角色如何？在思考会议流程方面，包括行动学习的不同重点，我的角色如何？

我的引导技能如何，包括提问、倾听、挑战和支持？

我的反思、回顾、记录的技能如何？

我如何进行会议的结尾或关闭会议？

关于虚拟行动学习，我打算做些什么？

**对我的实践笔记4的反思**

阅读我刚才所记录的内容，对我和我的实践来说，这些内容揭示了什么？

## 戴勒商业服务公司
## 行动学习案例分析 第二部分

### 第1部分 设计：接下来发生了什么

在与戴勒商业服务公司高管团队的会晤中，你阐述了行动学习项目的设计建议（见第3章的结尾部分）。通过随后的讨论，大家就以下设计达成了共识：

#### 总监启动

总监受邀成为共同设计者。他们决定花一天时间集中研讨这个项目，并对期望的结果达成共识。在这一天，他们将带来几个组织课题，并准备亲自担任这些课题的发起人，同时花时间进行思考。

#### 项目启动

从时间安排来看，同一天将所有总监和管理者集中起来似乎不太可能。因此，项目启动被安排为两次独立的活动。启动会的目的是达成对行动学习、所提出的项目、项目地点，以及发起人和催化师角色的共同理解。管理者被邀请自行选择加入行动学习小组，组建原则是每个小组都要实现最大化的多样性。

每位总监都阐述了自己将亲自担任发起人的课题。启动会为期两天，课题在一个星期内公布，供管理者选择。管理者只能选择那些非自己直属领导发起的课题。

#### 管理者与发起人会面

管理者应邀与自己选择课题的发起人会面，并在第一次小组会议之前，双方就课题的范围界定达成一致。

#### 行动学习小组

从启动之日算起，10个行动学习小组，每组约6位管理者，将每月会面一次，持续一年。每个小组都有三次引导会议的"预算"，之后，催化师将逐步淡出。在最初的三次小组会议之后，召开第一次回顾会；在接下来的三次小组会议之后，召开第二次回顾会。项目结束时还会进行一项最终庆祝活动。

**最终庆祝活动**

最后一次会议由总监和管理者共同设计，以评估行动和学习的成果，并共享庆功晚宴。

**达成共识的设计**

总监启动　　　　　内容

- 项目概要
- 过去、现在和未来共识意义练习
- 行动学习导入
- 发起人的角色
- 100个确定的项目

项目启动　　　　　内容

- 项目概要
- 过去、现在和未来共识意义练习
- 行动学习导入
- 发起人的角色
- 团队引导者的角色
- 组建小组
- 课题介绍

| 管理者与发起人会面 | 内容 |
| --- | --- |
| ⬇ | • 60位管理者选择课题<br>• 与担任发起人的总监会面，并就课题纲要达成一致<br>• 参与者与非其直线上司的总监合作 |
| 行动学习小组 | 内容 |
| ⬇ | • 10个小组、9次小组会议：每月一次<br>• 每3个月安排一次小组回顾，确定日期<br>• 4次会议之后，团队引导者撤出 |
| 最终庆祝活动 | 内容 |
|  | • 由总监和参与者共同设计<br>• 是一次庆功会，也是一次个人和小组所取得成就的评估会 |

## 第2部分 团队引导

随着行动学习小组会议在各个场地的召开，该项目也如火如荼地开展起来。会议的出席情况良好，充满活力。引导者的逐步淡出计划，以及小组实现自主引导的计划也在有条不紊地进行中。就在项目进行三个月之后，即第一次回顾会之前，行动学习催化师接到了来自三个不同群体的会议请求：这三个群体是总监、作为项目成员的管理者和工会代表。

在这些会议中，就当前的项目，大家提出了以下关心的议题：

**管理者**

- 由于日常工作繁重，感到没有足够的时间投入到课题上；
- 很难找到时间与发起人会面；

- 发现作为发起人的总监比自己直线领导的总监"更好";
- 难以兼顾"日常工作"和课题工作,感到心力交瘁;
- 他们的下属感到被正在发生的事遗弃了(我们可以告诉他们什么?)——同时要遵守小组讨论内容的保密原则;
- 对于在公司的职业发展,有了更高的期望;
- 担心他们日益增强的信心会被其他管理者或直接上级视为威胁。

**总监**
- 总监之间存在一些关于谁的课题进行得更成功的竞争;
- 作为领导者和管理者,彼此有了更好的了解;
- 某些管理者的能力看法发生了动摇;
- 随着管理者变得越来越自信,总监担心项目可能会超出他们的控制范围;
- 越来越意识到,作为总监,他们不可能处理所有的课题;
- 意识到本项目在更广泛的公司范围内,产生了一定的影响。

**工会代表**
- 对正在发生的事缺乏信息和清晰了解;
- 观察到管理者"促膝在咖啡馆里"相谈甚欢,超出了一般的工作关系;
- 担心正在谈论的内容是他们不知情的重大改变;
- 由于管理者在做一些本职工作范围之外的课题/工作,引发的不确定性;
- 管理者与非其直线领导的总监(即发起人)在一起开会;
- 员工被要求承担额外的工作,以弥补管理者外出时的空缺。

## 任务2

思考以上话题以及第4章的内容,你会如何回应?

请记录你对以下问题的思考:

(i)下一步需要做什么?

(ii)如果项目设计需要调整的话,你的建议是什么?

(在第5章的结尾,你会找到这个任务的答案。)

# 第5章

# 组织学习教练：深化行动学习

# 第5章　组织学习教练：深化行动学习

## 本章概览

发展组织学习可能是行动学习催化师职责中最困难的方面，但也蕴含着行动学习的最大潜力。瑞文斯的目标是改善和发展组织，使所有依靠组织的人受益。为了实现这一目标，他把每个组织都看成一个潜在的学习社区。在这些社区中，每个成员在解决他们的问题和挑战时，都会与同事一起学习，也会向同事学习。

行动学习催化师这部分职责的重要性在于，通过与更广泛的系统分享行动学习者个人的新想法和新见解，促进组织学习。这些组织学习的机会主要通过两种方式来体现：首先是通过行动学习者个人的活动，他们的变革尝试不可避免地涉及所研究的组织或系统中的其他人，这些人因此被招募到项目中；其次是通过行动学习小组与组织中其他成员之间的经验交流和学习分享，这种交流和分享可以通过会议或电子公告板等虚拟方式进行。

通过与小组及发起人的协作，催化师可以促进学习型深度会谈。这种深度会谈能够在不影响正常工作的情况下激发有益的改变。本章介绍了用于创建"组织沟通的缓冲地带"及促进组织学习的建议和方法。本章还包括戴勒商业服务公司案例的最后一部分，我们将再次邀请你测试在行动学习催化师角色方面的知识和技能。

## 章节内容

- 介绍
- 发展学习型组织
- 发展组织学习
- 学习架构
- 结论
- 我的实践笔记5

## 介绍

> 无法学习，无法生存。
>
> 爱德华·戴明

全面质量管理的创始人爱德华·戴明和行动学习的创始人瑞文斯有许多共同之处。他们都很长寿，出生于20世纪初，并一直活到20世纪末或21世纪初，且从未停止工作。两人都接受了科学价值观的训练，都喜欢引用《圣经》的话。他们都认为，无法学习的组织不可能生存，恐惧是积极主动的敌人。他们都对社会有益的组织改进抱有热切的关注。

在思考学习型组织时，瑞文斯经常提到允许"自下而上传递质疑"的必要性。他认为这是帮助企业高层学习所必需的。他对学习型组织最简洁的描述是："自下而上的质疑加速了上层智慧的提升。"这个描述指出，高层管理者做出最佳决策的能力依赖于良好的质疑，而这些质疑来自那些致力于解决业务挑战或难题的人们。这是一个很好的想法，但人们可能更倾向于违反而非遵循。正如一位管理者苦笑地说："在这个公司中，自下而上的质疑加速了来自上层的惩罚！"

第3章中介绍的组织准备度问卷，是测试行动学习水温的一种方式。本章内容建立在这些筹备工作之上，阐述了行动学习如何有效帮助组织提高服务质量并实现目标。本章特别关注行动学习对学习型组织理念以及广义专业学习的贡献。

## 发展学习型组织

行动学习提供了一种有助于培养良好工作习惯的训练方法。这些习惯包括解决难题、把握风险机会、质疑现状以及尝试新想法。这些习惯是否会受欢迎，是否会被广泛传播，在很大程度上取决于参与者是否得到上级的鼓励。这种鼓励并不总是能够得到。尽管对观察者来说，这可能非常令人惊讶，但对管理政策和决策的质疑在许多情况下仍被视为不恰当。在这些情况下，任何关于改进的建议都是被禁止的（见专栏5-1）。

专栏5-1的案例中，这家连锁药店的所有者是一位成功的商人，具有坚强的性格。他并不真正希望受到质疑或有人提出新观点。他不理解为什么有些人希望受到质疑或看到新观点。这家连锁药店的管理者采取了以下行动。

---

**专栏5-1　成功的药剂师**

在一家私营药店集团，老板兼总经理对于每月一次的管理会议感到困惑，因为他发现自己几乎占据了95%的发言时间，而与会的店长却鲜有发言。

他向一位来访的催化师提及了这个问题，催化师问道："你上一次就公司政策的某些方面接受质疑是什么时候？"他困惑地回答："我不记得有过这样的情况。我们药店的店长对商业问题并不感兴趣，他们更关注道德实践。"

然而，在催化师与店长进行了一系列简短访谈后，却发现了不同的情况。一些店长的脑海中充满了想法，这些想法可能来源于他们阅读的书籍，或在其他地方的观察，还有的是他们希望在工作中尝试的点子。但当被问及为何不在管理会议上提出这些想法时，他们却无法给出明确的理由。

---

这个案例反映出行动学习的某些局限。行动学习并不是在所有情境下、在所有时间里都适用。例如，在一些组织中，传统培训项目很强，可能是因为他们的技术专家不需要或不欢迎行动学习。行动学习需要针对重大的组织难题或机遇，并且需要有愿意为之付出努力的人。

即使是在那些老板鼓励员工质疑现状的企业中，也可能存在相当大的困难。在那些缺乏员工参与氛围的企业里，启动行动学习是困难的。即使在专业化的公司，或如学校、医院、社会工作部门等公共服务机构中，公开质疑往往被视为"职业限制"，似乎只有勇敢者或不明智的人才会去尝试。许多坚持传统管理方式的组织仍在继续生存和发展，正如前文提到的连锁药店一样，但当它们发现自己面临经济衰退、市场快速变化和激烈竞争所带来的困境时，这些传统可能会导致严重的"学习无能"（Senge，1990:17-27）。前文所述的连锁药店经历了几年的繁荣，但当老板想退休时，他的下一代并不愿意接管事业，他的店长也不愿意收购，因此这家连锁药店被卖给了一家更大的药店，导致一些店面和工作岗位的损失。

行动学习致力于培养探询和尝试的文化。从这个角度来看，有能力且聪明的人反思他们正在做的事情是正常现象。对工作实践和流程的质疑是健康的标志。提问往往会激发能量：完成工作、探索新想法、寻求新知识（见专栏5-2）。

---

**专栏5-2　提问和质疑在一家轮胎厂变得盛行**

为了提振中高层管理者的士气，一家轮胎厂引入了行动学习。然而，员工对这种通过自助式"小组"获得帮助的项目感到不满。几个月后，他们开始非正式地复制这种常规且严谨的小组会议，以协助解决车间作业问题。高层管理者很快意识到，他们应该鼓励这种行为。尽管最初遭遇了反对，行动学习已经成为整个企业中人们工作和学习的方式。

资料来源：Garratt（1990:72）。

---

这个故事中最引人注目的是车间团队对行动学习态度的转变，从最初的不满到后来主动开展行动学习。行动学习是基于自愿参与和自发推动的，只要能为这种机制创造适宜的条件，无论在哪里实施行动学习，都能

取得良好的效果。在这个例子中，行动学习是逐步以一种潜移默化的方式进行的，而非出于特定目的。这一切的发生是因为小组内部存在推动力，这是非常值得庆祝的。这似乎是人类天性的一部分：自己主动学习甚至是"偷"来的想法，往往比那些别人提供给你的想法更为有效。

对于那些不擅长创造性地"偷学偷用"的情况，我们就需要提供更为系统的变革和学习方案。

## 发展组织学习

"组织学习"这个术语可能会造成困惑。它违背了常识：如果说一个组织能够学习，这怎么可能呢？毕竟，只有人才能学习。然而，正如阿吉里斯和舍恩所指出的那样，一个组织如果不能从其成员个人身上学习，其后果可能会非常严重："组织学习与个人学习不是一回事……有太多的案例表明，组织比其成员懂得更少。甚至在有些情况下，组织似乎无法学习每个成员所知道的东西。"（1978:9）

这突然变得合情合理了。公司的失败和丑闻越来越频繁地出现，而当评论发表后，我们才知道有些人对现行政策有疑问，或者一直都知道哪里出了问题。有时，这些人试图发出自己的声音，但最终"组织"（或高层）未能从中吸取教训，这往往不仅给高层，也给许多其他员工、客户和周边的其他组织带来可怕的后果。

瑞文斯的行动学习愿景之一是帮助组织转变为"学习社区"和"学习系统"（2011:70，111-120），以便（在医院中）"学习能够像药物一样被注入资深员工体内，扩散到病床边，扩散到洗衣房"（2011:70）。

组织通过行动学习进行学习的机会主要有以下来源：

1. 行动学习者作为个体的活动，他们的变革意图会影响他们前进道路上的其他人。例如，瑞文斯估计，在比利时校际项目中，21位管理者影响了200多名高级管理者（2011:71）。

2. 行动学习小组与组织中其他成员之间的经验交流和学习分享，这种交流和分享可以通过会议、电子公告板和论坛的形式进行。有时，关于某项工作的小组整体反馈可能比个体反馈更为有效。

在第3章中，我们讨论了将组织发展为学习社区是助产士/项目设计顾问的终极目标。最关键的任务是构建小型但强有力的小组与更大组织之间的联系。尽管小组通常集中于内部，专注于其成员的目标，但一个优秀的行动学习项目能够将小组与更大的系统相连，激励与其他小组和组织的协作。一个精良的项目设计可能会采用会议形式，将小组与外部关键人物如委托人和发起人聚集在一起。同时，可以利用各种沟通方式和网络来促进学习交流和理念传播。如果行动学习项目取得良好成效，它就会对整个组织的文化产生影响，而不仅限于小组成员的感受。

在专栏5-3的案例中，爱尔兰医疗董事会致力于提升组织的学习能力并改变人们的工作方式。在这个行动学习项目中，所有管理者参与了自我管理式的小组，以期影响整个组织的运营文化。

### 专栏5-3　在爱尔兰开发组织能力

布莱顿大学管理发展研究中心应一位高级经理（该校的前学生）的请求，协助为爱尔兰卫生委员会的400名管理者组织一个自我管理式行动学习项目。选择自我管理式行动学习是因为从布莱顿大学聘请催化师的成本过高。

第一批40名管理者开始了为期一年的自我管理式行动学习项目，他们首先参加了一个为期五天的基础研讨会，以帮助他们自我管理整个过程。这个研讨会涵盖了行动学习的核心价值和组织及引导小组会议的指导方针。在此之后，前两次小组会议由外部催化师引导。之后，小组自行运作，如果遇到问题，他们仍可以请求与催化师再进行一次会议。第一次研讨会4个月后，进行了一次过程回顾，以反思自我管理小组的工作情况，分享学习经验，并制订行动计划来解决任何已识别的问题。在12个月后的最终研讨会上，参与者评估了自己的进步，并分享了学习经验。

自我管理式行动学习带来了各种挑战：自我引导的技能是什么？参与者如何发展这些技能？如果小组遇到困难怎么办？自我管理式行动学习将重点从发展引导技能转移到发展参与技能上。为了成功进行自我管理，所有小组成员都需要具备提问、倾听、反思、给予和接受反馈、创造性解决问题、理解团队过程和理解学习过程的技能。还有一些技能最好被描述为管理技能而不是引导技能。通常情况下，催化师负责安排事务，但在自我管理式行动学习小组中，成员自己负责相互联系以安排会议，确定时间和地点，并做出关于小组运作方式的所有决定。

在四年的时间里，大约有380名管理者参与了大约60个自我管理式行动学习小组。外部评估报告得出结论，该项目是："一次非常人性化的体验。我们总体上认为，该项目在改变卫生委员会的文化方面是积极的和勇敢的。结果是非凡的。""管理发展项目对参加的个人及其组织中的同事产生了相当大的积极影响。"（Tamkin 2000）

卫生委员会本身进行了一个大型研究项目来评估结果，并得出结论："迄今为止进行的所有研究都识别出了行为和态度的变化以及以不同方式处理情况的能力。"该研究指出，自我管理式行动学习参与者以变革项目的形式所承担的工作"已经发展了组织应对实施质量和公平倡议挑战的能力"（爱尔兰卫生委员会的一个重大变革倡议）（Murphy 2003）。

资料来源：改编自 Bourner（2011）。

爱尔兰卫生委员会的案例之所以引人注目，不仅因为它的宏伟目标，还因为它是自我管理式行动学习的一次大规模尝试。任何大型的行动学习项目都可能面临成本问题，尤其是聘请经验丰富的行动学习催化师。然而，选择采用自我管理式行动学习小组的模式还有其他原因：其中一个是瑞文斯本人的偏好；另一个原因则更具说服力，即这种方式能够释放行动学习催化师的时间和资源，使他们能够将精力集中在其他工作上，如行动学习项目的设计，以及将从项目中获得的学习在组织内深化等。这些工作很难委托给他人完成。

## 学习架构

组织文化的变革需要时间，为了在这段时间内持续进行行动学习，我们需要考虑建立超越小组的关系和对话结构。这意味着，我们需要思考，除了行动学习小组，还需要做些什么。这正是行动学习催化师的任务之一，不仅因为它是一项困难的工作，而且因为小组在行动学习中的核心地位。这一理念的重要性无论如何强调都不为过。小组既是指导愿景，也是创造"每个行动学习项目的刀刃"的实用方法（Revans，2011:7）。然而，小组不能独自实现瑞文斯所说的愿景，即让整个组织成为学习社区。为了达到这个宏伟目标，行动学习催化师需要创造更多的社交工具和技术，如在第3章中所讨论的会议技术。

这些社交工具和技术可以根据"学习架构"这个概念来进行分类。威廉将这个概念简单地表述为："一个组织，在个人和组织层面上，促进和规划学习的方法。"（2005:9）但这需要组织的领导者对这种观念形成有意识的、共同的想法。也许很少有高管团队会坐下来问他们自己这个问题："现在，我们的学习架构应该是什么样子的？"按照威廉（2005:14）的说法，真正这样做的人是"首席学习官"（chief learning officer，CLO）。这个现象说明，确实没有人真正在做这件事，因此，我们提名行动学习催化师，希望他在助产士阶段就把这个系统性学习的基础工作做好。

行动学习可以是更大的学习架构的关键组成部分。这个架构的最终目标是将组织变成一个学习型组织。尽管我们不能预先知道变革和学习是"什么"，但我们能够提前勾画变革管理过程和学习过程。图5-1描述了一个学习架构，这个架构是大型项目的一部分。其中，行动学习小组被包含到了一个更为广泛的过程之中，这个更为广泛的过程包括会议和其他事件。

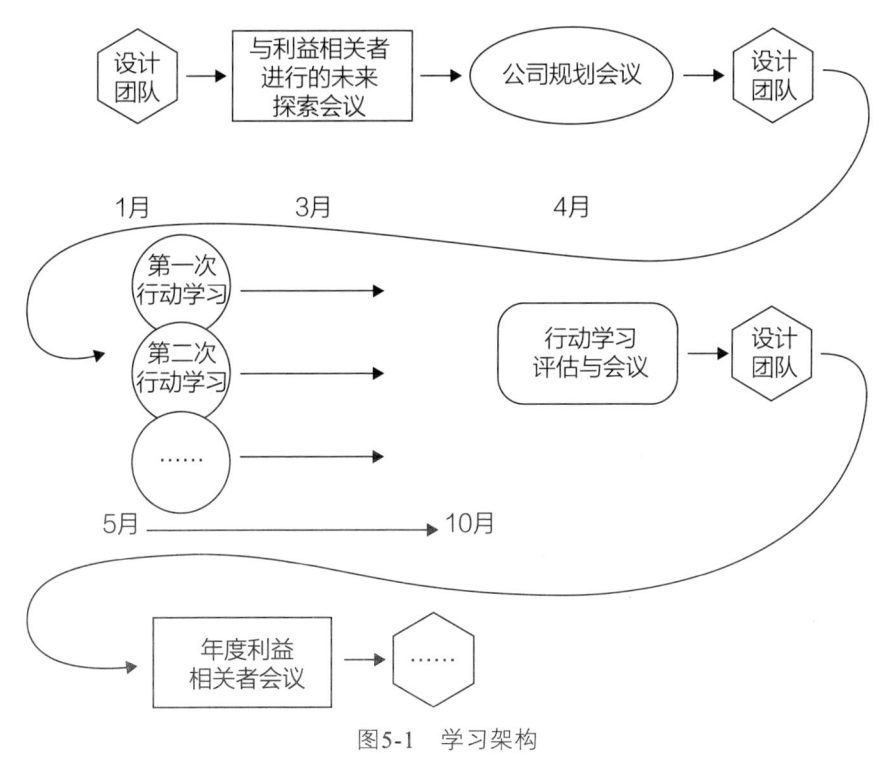

图5-1 学习架构

在这个案例中，行动学习被纳入一个包含其他规划和学习活动的循环之中。每年一度的利益相关者会议审视整体战略，为规划会议定下基调，同时在规划会议中回顾公司的目标和方向。这些事件中，设计团队负责帮助组建行动学习小组，以解决难题或抓住机遇，推动组织在各方面的工作。行动学习小组通过研讨活动产生新观点，激发学习，以应对未来的挑战，并将这些新观点作为新的输入，运用到年度回顾、行动尝试和改进的循环中。

显然，这种学习架构只有在高层的大力支持和协作下才可能成功。特别是在图5-1中，领导团队在整个过程的不同阶段都扮演着重要角色。接下来的讨论将涉及学习架构的一些主要组成部分（Attwood等，2003），包括：

- 设计团队；
- 领导团队；
- 深度会谈和"开放式学习"；
- 组织沟通的缓冲地带；
- 学习圈的拓展。

### 设计团队

无论行动学习项目的规模大小或持续时间长短，都需要投入时间进行规划，以应对新出现的问题。设计活动的初始任务、后续任务，以及持续的引导和活动的再设计，这些任务都可以与设计或支持团队有效共享。

设计团队应包括来自各个关键群体的代表，包括参与者和发起人，并且能够代表项目所在的整个系统。设计团队还需要处理后勤、沟通和评估等过程，并可作为行动学习小组本身开展工作，尝试他们的行动和学习建议，以尽可能使项目达到最佳效果。设计团队必须：一方面，确保项目是"准时运行的列车"；另一方面，留意过程中随时出现的"再设计"机会，要在两者之间找到平衡。

在专栏5-4的案例中，存在两个层次的设计团队：一个层次是由区域催化师组成的国家级团队，另一个层次是由每个区域的本地催化师组成的区域级团队。

## 专栏5-4　在国家医疗服务体系病理服务机构中开展行动学习

卫生部发起了一个项目，旨在通过行动学习促进英国病理服务机构的学习和变革，该项目从2006年9月持续至2008年1月。在区域催化师的协助下，该项目在英国六个地区展开，这些催化师的任务是启动项目并为区域小组提供支持，包括招募和培训当地团队引导者。一些区域催化师比其他人更成功，部分原因是他们作为支持角色的能力，另一部分原因是他们自身的技能、资源和人际网络。

在区域催化师的常规会议中，讨论显示了他们在实践中的显著差异。大多数区域催化师利用现有的人际网络在各自区域内开展工作，这些人际网络被证明非常有用，尤其是在涵盖服务改善和学习发展领域的人员时。区域催化师的其他显著差异表现在他们对活动过程的信念和对病理服务的承诺上。

一些小组很快组建起来，而其他小组由于面临更复杂的情况，经过多次会面，用了六个月甚至九个月的时间才组建起来。通常，后一种方式组建的小组比基础较弱的小组持续时间更长，也更成功。在区域催化师担任助产士角色的阶段，他们专注于小组的组建，而不是扮演更熟悉的团队引导者角色。那些更习惯于并更熟练于担任团队引导者角色的人，在一开始可能会感到不适，需要时间适应。在常规的区域催化师会议中，大家就如何处理这种情况进行了有效沟通。例如，如何处理与本地催化师保持适当距离的问题，即在必要时提供支持和辅导，但不干预他们与小组之间的关系。

**区域行动学习架构**

我们鼓励区域催化师建立本区域内各小组之间的联系。这再次证明，在一些地方，这种联系比其他地方更容易建立，且方式常常不同。在西米德兰，一个管理小组由来自战略卫生局的一位高级经理主

> 持，他鼓励和指导小组的工作，将小组工作纳入总体议程，推进小组成员与关注者的区域会议。在东北部，小组由一个公认的病理学网络发起，该网络围绕关键主题为小组组建提供帮助。
>
> 本地催化师小组是区域架构的重要组成部分，由区域催化师引导，以不同形式存在。除了主要为本地由病理医生和管理者组成的小组提供帮助，他们还提供本地催化师的发展论坛。与会者普遍认为，这些区域论坛对于行动学习的持续进行和提升当地病理系统的变革能力至关重要。
>
> 资料来源：卫生部/病理学现代化部（2008）。

当一个或多个设计团队的工作取得良好效果时，这表明项目的成功不再仅仅依赖于行动学习催化师。这样的团队不仅实现了技能和资源的增值，而且通常来说，与任何一个单独工作的催化师相比，他们对自己所处的系统有更深入的了解。

### 领导团队

领导团队在任何学习架构中都扮演着重要的角色，尤其是在"启动"各种公众集会或会议，陈述当前的形势、战略和方向，以及接受来自相关团体的反馈和意见方面。在行动学习中，可能会出现意外事件，这意味着大家需要看到领导团队对这些新出现的重大挑战进行回应。

在一个组织中，董事们或者其中的一部分董事可以组成领导团队。在公共服务组织或人际网络、合作伙伴或社区中，领导团队可以由组织中重要的利益相关者代表组成。无论其组成如何，这个团队都可能需要教练和支持，以帮助他们对新出现的问题和挑战做出有效的回应。在任何情况下，这往往需要在指出限制条件和界定给定条件之间做好平衡，并鼓励人们采取措施，抓住机遇，在行动中尝试他们的想法。

组建和指导一个设计团队，在任何情况下都是一个相对简单的任务，但是，找到一支有意愿、有能力且通常来说"适合"这个角色的领导团队，可能会有更多的问题。相比于许多高层管理者的正常角色来说，这里的领导角色涉及更多的露脸机会。这个角色把领导者放在了充当现有政策守护者的角色之上，但同时，又要对新的变革思路和举措打开大门。领导团队需要勇气和信心，但也要谦虚地鼓励开放性交流，并寻求大家对他们的行动和政策的反馈意见。

这种公开的学习对任何人来说都是要求相当高的，尤其是对领导者来说。但如果可以实现，它将比任何其他方式更有说服力。没有什么比领导者可见的学习更具有威力了。

### 深度会谈和"开放式学习"

在"开放式学习"（Attwood等，2003:32-33，77-94）中，洞见和突破是公开发生的。在这种情境下，质疑和挑战被公开表达；领导者清楚地告诉大家，他们并没有所有的答案。当他们想表达出自己正挣扎着面对新事物的时候，也就创造了供大家学习的空间。领导者作为学习者，与他人一起来寻找新的洞见和意义，这一点本身就是一个令人信服的例子。

一个学习架构可以为行动学习者创造与领导团队进行深度会谈的机会，这也许是来自小组的集体安全感。然后，行动学习催化师就有机会引导这个深度会谈，正如我们在第2章的模型中所看到的（见图5-2）。

这种深度会谈的例子可以在第6章的"格拉德威尔镇的故事"中找到。在那个故事中，领导者和行动学习者之间坦诚而激烈的交流，促进了学习的发生。开放而公开的深度会谈，需要大家有平等的机会表达自己的观点，同时也需要倾听别人的观点。如果组织环境具备这个条件，那么原有的基于等级结构的工作方式必须暂停。要想让这种情况得以发生，有可能需要创建一个"组织沟通的缓冲地带"。

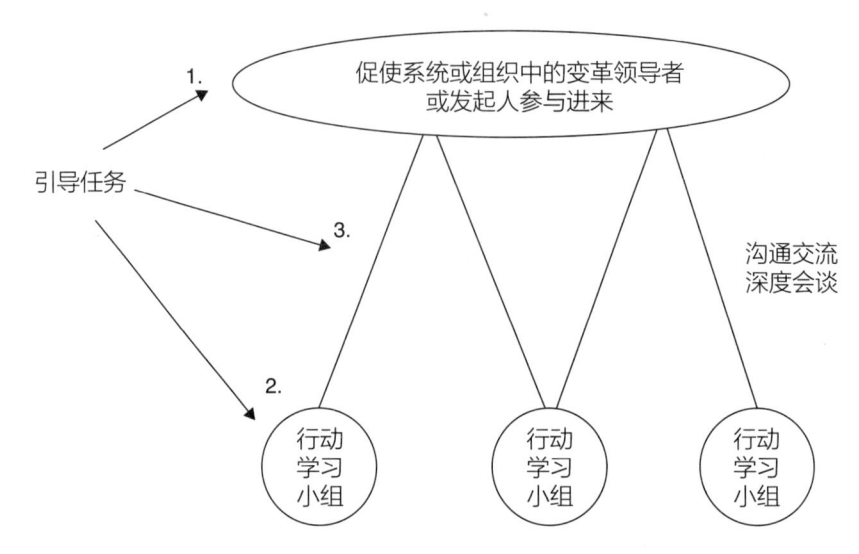

图5-2 引导行动学习小组和领导团队之间的深度会谈

### 组织沟通的缓冲地带

这个概念是对组织学习过程中出现的问题的回应。在组织学习中，我们将那些引领组织发展的、具有局部知识的人员，以及那些制造产品或提供服务的人员的知识汇集在一起（Attwood等，2003:50-51）。通过相互交流，人们能够了解他们在通常情况下了解不到的信息和观点，这有助于他们更好地理解当前形势，进而在各自领域中采取更为明智的行动。

"结构"这个词可能有点过于刻板；在格拉德威尔镇的故事（第6章）中，这个结构由管理团队和行动学习者之间的一系列会议组成。最重要的是，这些会议是由行动学习者发起的。同样关键的是，这些会议不是在首席执行官的办公室里召开的，而是在行动学习者的草坪上举行的。组织沟通的缓冲地带可以通过这种方式自然形成，或者也可以事先安排，以便提供定期交流的机会。然而，如果是事先安排的会议，必须注意保持这种"脚手架"的临时性本质。组织沟通的缓冲地带往往是一段时间内的工作，可能只有一次或两次。如果将其制度化，可能很快就会失去开放性交流的作用。图5-3对这个观点做了简单阐释。

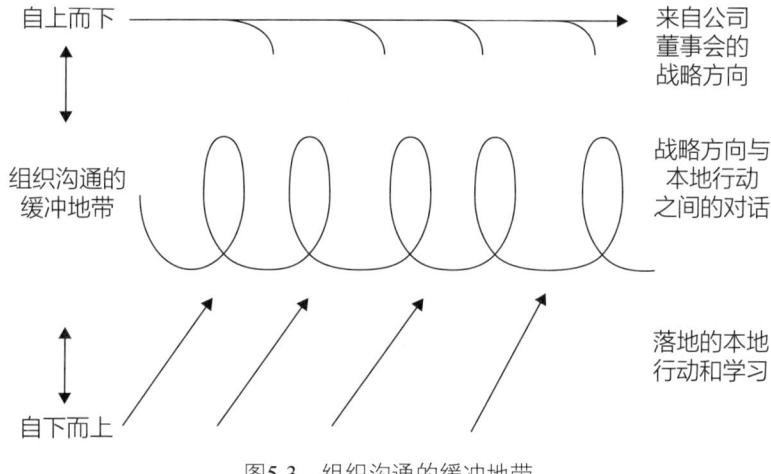

图5-3 组织沟通的缓冲地带

### 学习圈的拓展

任何实现了跨越组织不同部分的交流结构，都有助于学习的传播。另一个关键的组织学习问题是"漂亮的补丁"现象，即组织的某些部分进行了学习和创新，但其余部分并没有这样做。由于各部门和单位在一个相对孤立的环境中工作，他们可能并不知道这种差异。只有当他们被放在一个供应链中时，这种差异才会变得明显。当这个链条各部分的连接很重要时，那么，即使一个无效的部分也会对整体产生负面影响。

在一个集成的系统中，学习几乎没有价值，除非能够分享和传播。作为更广泛的组织学习教练，行动学习催化师一直期望能够拓展学习圈（见图5-4）。

组织沟通的缓冲地带是在整个组织层面共享学习的一种具体方式。就像组织沟通的缓冲地带一样，存在许多不同的方法来激励行动学习小组拓展他们的学习圈。这些方法包括会议、知识咖啡馆、小组可以在摊位上展示他们想法的展览会、网站和其他电子网络。任何有宏伟目标的学习型组织都会鼓励这种分享和传播。行动学习催化师可以通过行动学习的设计，促进这种分享和传播，以帮助实现更高的目标。

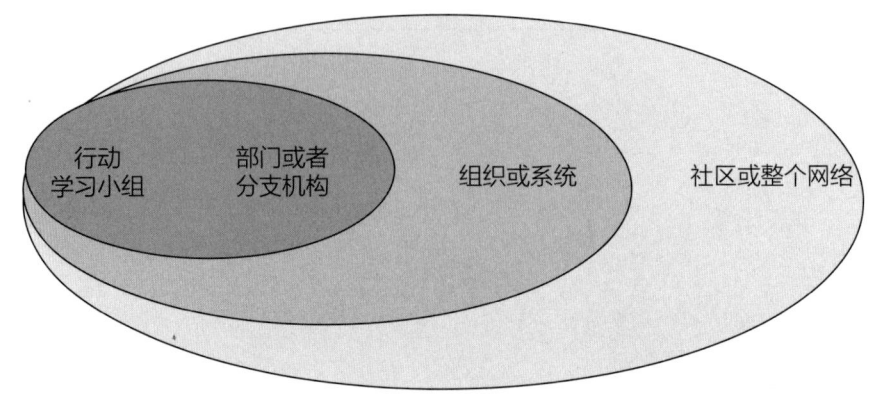

图5-4　拓展学习圈

## 结论

本章集中讨论了行动学习催化师作为组织学习教练的角色，特别是将个体学习者及其小组的工作学习成果分享和传播到更广泛的组织、社区或系统。然而，虽然一些企业渴望成为能够促进所有成员学习并在必要时适当地自我变革的学习型组织，但许多企业并未达到这一理想。任何在这个层面上工作的行动学习催化师都会意识到，有效的学习往往超越并跨越组织边界，这种学习对个人及其组织都是宝贵的资产。

目前，随着技术的快速发展和国家间权力平衡的不断变化，将学习局限于组织内部发生的事情是没有意义的。那些以保持最新知识和足智多谋为基础的"知识工作者"，必须越来越多地跨越甚至超越商业乃至国界来保持竞争力。这些人之间的联系网络不仅服务于特定的专业目的，而且越来越成为一种新的组织方式。网络化组织是行动学习的天然伙伴，这一主题在第7章中得到了进一步的探讨。

## 我的实践笔记 ❺

**促进更广泛的组织学习**

联系你当前的实践,记录一些关于行动学习催化师在这一角色方面的笔记。例如,你可以记下自己对以下问题的思考:

- 这是我现在所做工作的一部分吗?应该成为其一部分吗?

- 组织学习教练这个角色的哪方面最吸引我?

- 我发现哪些方面不太实用或不切实际?

- 就组织学习教练的这个角色而言,我自己要优先发展的重点是什么?

在以下诸方面,我做得如何:

- 发展学习型组织和促进组织学习?

- 设计并促进学习型文化架构?

- 鼓励团队学习和社交网络学习?

**对我的实践笔记5的反思**

阅读我刚才所记录的内容,对我和我的实践来说,这些内容揭示了什么?

## 戴勒商业服务公司
## 行动学习案例分析 第三部分

### 第2部分 团队引导：接下来发生了什么

事实证明，第一次回顾会议的时机非常有利，可以讨论这些关注点和问题。工会代表应邀出席了会议，听取了介绍，并与行动学习小组进行了交流。

经过讨论，大家就下列设计变革达成了共识：

1. 在催化师的协助下，董事们将成立自己的行动学习小组。

2. 将在戴勒商业服务公司内部网上建立一个"业务改进"博客，使所有员工都能查看并评论该计划和项目的进展情况。

3. 将在员工食堂设置一面"研讨墙"，员工可以在墙上发表评论，并每周更新各小组的进展情况。

4. 未来的回顾会议将是董事和参与项目的管理者都参加的联合会议。

5. 要求所有行动学习小组思考他们与小组之外其他人员的关系，以及对他们产生的影响。

6. 要求所有行动学习小组考虑基于项目的组织发展机会，并在回顾会议上如何将这些反馈给董事们。

### 第3部分 组织学习与专业学习

三年后，我们进行了一项非正式的评估研究。我们邀请了参与者、董事、员工和客户代表来评价行动学习项目的结果。我们通过电子邮件进行了问卷调查，主要结果和评论如下：

1. 实质性成果

- 董事认为，绝大部分已经启动的项目已成功完成。

- 在所建立的10个行动学习小组中，所有小组都坚持到了项目结束，其中8个小组在项目结束后还继续存在，有的持续到项目结束6个月之后。
- 10位获得晋升的管理者认为，这个项目是他们成功的关键因素。
- 5位管理者和1位董事自愿离开了组织，1位管理者被解雇。这个项目被认为是影响这些决策的一个重要因素。

**2.董事的反馈**

"我有这样一位员工，老实说，我觉得他快要退休了，对于如何激励他，我不怎么抱有希望。高管团队中流传着一个笑话，如果业务改进计划能够让他充满能量，那简直就是一个奇迹——这是对催化师的一个真正的挑战。但是我们做到了——我从他的发起人那里得到了反馈，我简直不敢相信这是同一个人。当我跟他谈话时，他说我从来没有给过他一个机会，让他来展示他所能做的事情——我阻碍了他的发展，把他放弃了。在项目结束后的两个月时间里，我试图说服他留下来，但他没有。我仍然因我以前对待他的方式感到内疚。"

"项目都是具有挑战性的——管理者很投入——我担心管理者在这些挑战上花了太多的时间，不再关注他们的日常工作。我认为，我们对于该项目所带来的变化并没有做好准备。我们试图控制它，但为时已晚——我们失去了控制。分管组织发展工作的董事因被外派工作而离开了。我仍然认为这是一种背叛行为——对他来说，这是一个晋升的机会。"

"该项目的开端很好——目的是发展更具商业性的文化，非常明确。项目所释放出的能量是我们董事层级的人员所没有意识到的。这一点成了高管团队会议争论的焦点，项目几乎停止了。作为一个团队，我们没有一起努力。一位董事在管理者中非常受欢迎——他充满活力，我们开始把这看成一个'最有效的项目'或'最受欢迎的董事'的竞赛了。在我们创建了自己的小组后，这些观点变得根深蒂固了。我相信有很多冷冲突，即使有催化师的支持，我们似乎也无法解决这些冷冲突。一段时间后，我觉得我们进入了自我毁灭的模式之中，团队解散了——自我引导小组不能在不信任的状态下继续工作。"

"该项目费用昂贵，风险很高。我认为，我们可以通过建立项目团队来达到相同的结果。我们看到管理者的优势和劣势了吗？我认为没有。对于管理者来说，这是一个发展的机会吗？是的，虽然我坚信MBA课程也会达到这些目的。对于员工未来的发展，我们将参考一些外部信息。"

"在让催化师'放手'去做方面，我们犯了一个大错。原本计划一旦项目启动并开始运行，她就会离开。我们没有认识到，她投入了多少精力去保持这种局势，同时，在执行团队和管理者之间建立关系方面，有多少成了她的工作。我们认为我们应该自己来做——当然，这样做会有一些财务压力。"

### 3.管理者的反馈

"我本想选择是否参与——有趣的是，我们必须这样做，但高层团队却不这样做——他们真是太好了——既然如此，为什么一年后我们要裁员，因为考虑不周的项目让组织损失了那么多钱？我并不是说我不喜欢这段经历——我确实喜欢，我认识了很多新朋友，我们相处得非常好，尽管有些人已经离开了，但我们仍然保持着联系。"

"我真的很喜欢有一个女性催化师——她非常能鼓舞人。在董事会成员中，我们没有女性董事，而组织中主要是女性。她很开放，与我们分享她的经历。这使我意识到，我能主宰我的职业生涯，而且我是唯一能主宰它的人。我变得更具有挑战性，并且开始愿意承担风险——我担任董事两年了，我希望能鼓舞其他女性。"

"项目真的很好，为组织节约了很多钱。我与项目发起人的关系处理得很好，他试图把我挖到他们团队——我很喜欢这个感觉。"

"我们有催化师时，一切都顺利——项目朝着目标前进，与发起人的关系也很坚固。我觉得，我似乎真的慢慢理解这种新的文化了。然后，我们进入了自我引导阶段——效果不太好。在整个过程中，我们得到了很多乐趣，但什么目标都没有达到。作为一个小组，我们没有考虑到小组和董事会之间的联系。说实话，我们认为她（催化师）在小组中的工作很轻松。我们没有考虑到的，正是她能做到的，即通过某种方式让我们与高层团队之间产生联系。所以，在我们小组的6个项目中，只有3个成功了，真是浪费啊。"

"我的发起人并没有真正投入——他认为我应该去读MBA——事实上我已经有MBA学位了，但他似乎没有注意到。我非常生气和沮丧——其他人似乎都进展得很顺利，而我有承诺，但需要的是发起人的支持。当我质疑他时，他说，对于我参加的这个项目，没人能厘清头绪，这是浪费时间。有了这样的承诺，谁还会继续努力？我不会。"

"我的发起人根本没有时间参与这个项目。他赞助了八个项目，尽管他表面上说得好听，但一旦催化师离开项目，他就不在现场。我记得CEO在走廊里对我说，有某某某作为发起人我是多么幸运——我不知道该说什么。"

"我非常喜欢这次的经历——我作为管理者成长了，并且完成了项目，这是双重胜利。我并没有太多信心，而且我部门（客房服务）的员工被认为是不太聪明的，这包括我！我接手了一个项目——开发公司所拥有的一座历史建筑的商业用途。一开始，我的同组成员都很惊讶，因为我被列入了经理级别的序列中，并且加入到小组中。在会议进行中，我倾听了别人的课题后，意识到自己可以贡献很多东西。我提出了一个投资案例，将建筑进行整修，用作会议和婚宴场地。我想，当我被选来做这个项目时，我的发起人一定有一点沮丧——他后来说，他想从金融部门要一个人——但他后来认同，金融部门太呆板。不管怎样，当关于该项目的报道出现在公司内刊上时，我和我的团队都成了焦点。这对我们都有好处，也包括我个人，我现在是一名区域设施经理。"

"我的项目被中止了——我认为这对高管团队来说挑战太大了。项目的性质意味着我一直在挑战现状，他们对此感到不安。我不认为他们预料到了他们得到的结果，尽管他们说这就是他们想要的。我不想在糟糕的流程边缘修修补补——我知道它需要彻底的改革，我不愿意做任何不彻底的事情。"

"我们的小组揭露了一位经理的不良行为——事实上，这被证明是欺诈，他受到了纪律处分，现在已经离职。这对小组来说在保密方面是一个真正的挑战。整个事情变得非常不舒服——特别是因为在纪律处分过程中，他继续作为小组成员。我真的认为在调查进行期间他应该被要求离开小组。我们应该提出这一点吗？"

### 4.员工的反馈

"我们感到开始做的事情更加有针对性了——我觉得这是因为'研讨墙'的缘故，这意味着我们对组织中发生了什么有了更好的了解。"

"许多管理者变得更加以人为本了——我们认为他们开始关注我们的想法了。"

"我们的经理成了董事眼中的焦点人物，她变得很肤浅，总是想最大限度地吸引人们的注意，而不是真正关心工作。一开始，我们团队很尊重她，但现在我们都很鄙视她，也不再信任她了。"

"我开始了解新公司的情况了——我发现我不喜欢它，最终离开了。"

"我的经理因为这个项目得到了晋升，而我也升到了他原来的职位，所以我认为这很棒！"

"整个项目的确改变了一些状况——管理者停止了相互之间的暗中较劲，组织氛围变得更坦诚了——当然有些人离开了，因为他们的权力基础不复存在了，不过他们走了也好。"

"这个项目值我们在它上面花的那些钱吗？——我不知道——有人告诉我们，公司的存款和收入增加了，但没有人谈及成本。"

"一些管理者似乎非常活跃，希望把他们所做的项目作为晋升的基石——但这只取决于选择项目时的运气。我们的经理参与了一个高难度项目，效果很不好——他要失败了——给我的感觉如此。"

"我不了解学习——我们听到的都是行动——我们整天被灌输，某某项目如何如何成功。这样做的管理者一度成了明星，那些没有完成项目或者没有参与项目的人淡出了大家的视线。"

### 5.客户的反馈

"说实话，当第一次听说这个项目时，我们认为这只是另一个时髦的东西。我不敢相信负责社区发展项目的人是个建筑师——对于社区参与，他到底知道多少？然而，正是来自所有成员的纯真但愿意学习的态度，使得项目如此成功。当他提出用'世界咖啡'的活动来收集所有成员的观点时，我以为他疯了。但这个做法确实有效，然后我们就组成了行动学习小组，来讨论提出的问题。他承认，这个项目的成功并不是因为他的技能水平高，而是因为他从催化师那里学到了很多。这非常好——令人耳目一新，而且我们取得的成就是可以持续下去的。有趣的是，项目完成后不久，他就退休了。现在他以志愿者的身份担任副主席。"

"我认为我们的客户经理有很强的自尊心。令我感到惊讶的是，某个对我们公司一无所知的人'进入'了我们公司，通过实施一个项目来创造一种在未来五年内可持续发展的关系。然而，她发现那些对于我们和客户经理来说都非常熟悉的惯常做法已经不再有意义了。幸运的是，我们相处得很好，我们能够轻松而幽默地重新约定我们的工作。但是我不确定，这是一个幸运的偶然，还是通过事先计划好的。这对我们所有人来说也可能变成一场灾难。"

**任务3**

阅读上面来自参与者、董事、员工和客户的评论，结合第5章的内容，反思它给组织和行动学习项目参与者带来的影响。

回答以下问题：

（i）在下次我向一位潜在的新客户介绍行动学习时，我可以做些什么改进？

（ii）这个案例中有哪些方面建议我学习新技能，或者建议我更多地关注行动学习催化师的某个特定角色？

# 第6章

# 成为批判者

## 本章概览

批判式行动学习出现在20世纪90年代，由寻求更具批判性方法的普适管理教育学者提出。现行的管理教育，以MBA理念为基础，被认为过于理性化和功能化。行动学习则是一种全新方法，强调从同伴身上学习、从真实课题中学习。然而，瑞文斯所提出的行动学习被认为存在着这样的危险："被主导和强权所控制，以维持现状。"为了防止这一点，需要借鉴批判性社会理论，找到更具批判性的方法，帮助学习者站在组织和文化环境之外，提出更根本性的问题。

批判式行动学习超越了"普通的批判"，质疑组织内的现有做法、结构和权力关系。它通过鼓励批判性思维和反思性实践来进行学习，并区分有效实践、反思性实践和批判反思性实践。

本章包括批判式行动学习原则在小组和组织中实践的案例，提供了在小组中练习批判式行动学习的方法，并讨论了鼓励管理者进行批判式反思的利弊。本章以行动学习者可以立志成为"温和的激进者"为结论。所谓"温和的激进者"，指的是那些在保持对组织忠诚的同时，寻求变革的人，即那些想要颠覆现状但仍希望留在体系内的人。

## 章节内容

- 介绍
- 批判式行动学习案例
- 批判式行动学习=行动学习+批判性社会理论
- 批判式行动学习长什么样
- 寻求组织洞见……

- ……和批判性空间
- 鼓励批判式反思
- 批判反思性实践
- 批判性思维：阴暗面
- 行动学习者是温和的激进者
- 结论
- 我的实践笔记6

# 介绍

经过长期的生活与职业生涯探索，瑞文斯勾勒出了他关于行动学习的思想，并在20世纪70年代提出了许多关键性思想。在70年代的十年中，他最重要的著作和论文问世，并最终收入他的"合集"——《行动学习的起源和发展》，该书于1982年出版。批判式行动学习是后瑞文斯时代的思想，是在学者对一般管理教学的有效方法进行了大约十年的探索之后开始出现的。批判式行动学习的学者对现行的管理教育不满意，认为这种教育过于理性化、功能化和"技术化"，始终关注的是"如何做"，而从来不关注"为什么"。对于这些学者来说，行动学习是一种全新的方法，使管理教育从这种实用主义的执着中得以回归。然而，"普通"的行动学习很容易被组织操纵。对批判式行动学习理论家来说，其批判性也不够。由于行动学习能够根据组织具体的需求进行变换，那么，如何使它避免陷入被强大的利益群体"有选择性地用来维持现状"的陷阱呢（Willmott，1994:127）？

批判式行动学习着手去了解在人类系统中，如组织、社区、人际网络以及社会等，行动和学习是如何被权力和政治所掌控或约束的。它的做法包括参与到这些政治、情绪和文化之中，以扩大自由和减少压迫。这是一个危险而让人感到不舒服的区域。在这个区域，意义是难以明确的，并且通常几乎没有"常识"，但收获是丰厚的。这是对从旧的看待问题、思考、做事及组织的方式中解放出来的一种承诺。批判式行动学习试图揭示那些已经具有压迫性的模式，产生能够释放能量、思想和学习的新的工作方式。开展批判式行动学习可行吗？在一篇关于工作场所的批判式反思的论文（Rigg & Trehan，2008）中，有这样一个提问：这是不是太难了？

自从20世纪90年代以来，关于批判式行动学习的争论就一直在进行着。迄今为止，这种争论依然存在。本章将思考这种方法是如何促进学习和发展的，而这种学习和发展不可能通过不具有批判性的观点获得。其中的部分内容阐述了这个问题："什么是批判式行动学习？"还有一个更难的问题："你如何开展批判式行动学习？"

## 批判式行动学习案例

与普通行动学习相比，批判式行动学习有何不同？瑞文斯认为，行动学习不是用来解决复杂的技术难题（puzzle）的，而是用于管理者面临困惑、焦虑、困扰和风险的情况的。他认识到学习是一个深刻的情感过程，并理解组织中的政治因素会影响行动学习，这一点从他强调组织中的发起人、同盟者和"支持体系"中可以明显看出（1971:85-99；2011:37-38，71-74）。瑞文斯还指出，在行动学习中，最终所学习到的是组织的"微观政治"（1982:629-630；2011:76）。然而，将行动学习这一看似简单理念在实践中应用时，可能会显得非常幼稚。

例如，小组是行动学习的核心，小组信仰"同伴的智慧"等：

行动学习旨在使问题解决过程取得有效进展，而解决方案不可能已经存在，因为所有诚实的、经验丰富的、聪明的管理者，会根据他们不同的价值观体系、不同的经历和对未来的不同期望，主张不同的行动。

（Revans，2011:24）

但我们是否拥有足够不同的知识、价值观体系和思维模式？我们是否始终诚实、有经验、聪明？我们是否会根据我们不同的价值观体系倡导不同的行动，而忽视我们的组织责任、忠诚和利益？

威尔莫特（Willmott，1994；1997）提出了一种批判式行动学习，以此来纠正他所认为的管理教育中不容置疑的传统，即商学院提倡公式化的问题解决方法，并提出一种技术性的"数字管理"方法。他希望改变这种状况，并认为行动学习具有实现这一目标的巨大潜力，特别是因为它将同伴关系和权力交到了学习者手中。

然而，他认为传统的行动学习不会这样做，因为管理者在意识形态和价值观方面占主导地位，这意味着他们不太可能从独立的立场对其做法提出质疑。管理者通过雷林（Raelin，2008：523）所描述的"文化渗透"，已经社会化到这些实践和价值观之中。在企业文化的力量和遵从的压力之下，管理者，尤其是有相同或相似关注点的管理者，有多少机会从批判性角度去审视组织和社会呢？

因此，基于这个观点，传统的行动学习很容易被拥有权力的人"俘获"。所以，尽管行动学习可以通过为组织的发展带来一些渐进式的改进，但不可能带来根本性的变革，因为任何改变都将受制于那些有权力的人。这样也就可以想象，行动学习也可能被用来做坏事。例如，如果参与者没有提出质疑，行动学习可以被用来为实现组织的不良目的服务，例如，违规的金融服务销售、违反环保规定的采矿项目，或者推广会引起压力和健康问题的绩效管理办法等。在这些情况下，正如文斯（Vince，2002；2004；2008）多次指出，行动学习可能不会使参与者个体得到"授权"，而且实际上正好相反。

在这些情况下，我们知道，许多管理者个人是心存疑虑的，但他们是否要在小组中公开说出来，还是会有些犹豫。沃森（Watson，1994）在他对一家大型公司管理者的研究中，就给出了很多这样的案例，下面是一个最近的案例：

在一家公司的项目晚餐会上，一场谈话触及到了西方社会中日益增长的不平等现象，特别是在英国以及"婴儿潮一代"（指在1939—1945年世界大战后出世的一代）总是比他们的孩子更为富有——至少在他们去世前！一个管理者反思到，他是引起这个话题的"一个参与者"，因为，从新员工开始，将最终工资养老金方案取消掉是他工作的一部分。这场谈话引起了短暂的停顿，然后就转向了其他的话题。

这种方式有助于将这样的话题摆在明面上——如在一个批判式行动学习小组中提出来吗？在诸如行动学习小组这种民主的场合，公开性反思能够给社会结构带来更广泛的改进吗？在其中一个沃森组织的情境讨论中，阿尔维松（Alvesson）和威尔莫特（1996:15-17）提出，一些批判式反思可能会导致组织治理系统的变革。这些都是很大的希望，同时也是很大的疑问，必须在实践中进行摸索。

## 批判式行动学习 = 行动学习 + 批判性社会理论

瑞文斯担心，任何理论，无论是否具有批判性，都可能阻碍行动，而这些行动正是学习的基础。因此，他在行动学习中故意淡化了理论的作用。然而，他强调行动应该是"冷静而深思熟虑的"，也就是说，要思考、权衡和慎重。这就意味着需要采取批判性的立场（见专栏6-1）。

---

**专栏6-1　批判式行动学习案例一：发展我们的批判性能力**

运用批判性思考能够：

☐ 强化思考的独立性；

☐ 通过增强对"什么是重要的"的判断力，提升管理技能；

☐ 使我们更加了解什么是知识，以及我们已经知道的内容；

---

> □ 增强自我认知，包括我们所持有的假设、我们如何使用这些假设，以及这些假设可能如何改变。
>
> 资料来源：改编自 Anderson & Thorpe（2004）。

相比于普通的批判，批判式行动学习需要更多的要素。威尔莫特（1997:753）在其列表中补充了关于批判性社会理论（critical social theory，CST）的内容：

"被普遍接受的智慧，包括专家的智慧，都受到批判性审查的制约。这种批判性审查通过结合反思与来自批判性社会理论的洞见来实现……我们需要批判性社会理论，不仅作为一种特定的知识，而且作为一种政治意识，将世界理解为一个'行动和变革的心理政治场'。"

批判性社会理论是一个挑战现行社会规范的思想体系，包括女权主义、后结构主义和深层生态学等。它通过站在价值观和对现行最佳实践的判断的对立面，获得其分析的威力，从而揭示任何情境下的政治和文化维度。

批判式行动学习（结合行动学习与批判性社会理论）使我们注意到了行动学习背后的政治目的。文斯（2011）指出，行动学习所宣称的激进主义与其应用背后的政治动机之间存在未解决的紧张关系。他引入了心理动力学观点，从这个角度看，个人的"难题"反映了组织的权力关系，任何变革的努力"都可能被破坏……被维持现状的需求所破坏"。例如，人们可能认为他们通过行动学习得到了"发展"，但实际上，他们的行为可能强化了现有的组织规范和期望。批判式行动学习小组的希望在于，能够帮助个人了解其所处的复杂政治环境，并在选择行动时，认识到这些行动将受到权力系统的影响（见专栏6-2）。

> **专栏6-2　批判式行动学习案例二：揭开组织政治罪性的面纱**
>
> 罪性是人类内在固有的特性。
>
> 组织政治罪性（源自Eichmann的概念）指的是这样一种情形：人们在与他人共同扮演某种角色时，参与了那些通常只有"一个通情达理且具有批判性的观察者——往往是在事后——称之为罪性"的项目。
>
> 在当代，随着技术理性的兴起，组织政治罪性常常以多种形式伪装自己，以至于我们可能会在不知不觉中从事罪性行为，而浑然不觉自己做错了什么。在所谓的"道德错位"案例中，罪性被定义为"正面"的；普通人会相信，他们所做的事情不仅是正确的，而且在道德上也是好的。
>
> 资料来源：改编自 Adams & Balfour（1998）。

从这些目标来看，批判式行动学习不仅是行动学习的重大发展，也可能在管理和领导力教育方面带来重大进步。它通过强调集体和个体对组织的反思，促进了更深层次的批判性思考。通过小组内对行动中产生的组织动力进行集体反思，它为个体，如上文提到的管理者，增加了从经验中学习的经验。文斯将从组织中学习的过程称为"组织洞见"，这一过程清晰地展示了政治在引导和限制学习范围方面的作用（2002）。

尽管我们不能忽视瑞文斯对行动学习中理论价值的怀疑，以下几点为更批判性的方法提供了有力支持：

- 行动学习并不总是如预期那样有效，因为人们可能会选择"不作为"和回避学习，而不是如预期那样"在行动中学习"（Vince, 2008）。
- 探索回避学习的原因可以促使人们变得更具批判性，更能够独立思考，从而更有效地处理组织和社会中的复杂和困难问题。

- 批判性意识有助于我们避免"组织政治罪性",在这种罪性中,我们可能在无意中做出伤害他人的行为,却认为"我们只是在做自己的工作",并坚信自己的正确性。

马克思的名言:"哲学家只是用不同的方式解释世界,而问题在于改变世界。"这句名言用在这里非常合适。批判理论的先驱们应当成为批判式行动学习的积极倡导者。正如最近有人指出,批判性思维不是一个被动的内部过程,而是一个积极的探询过程,"批判性思维是一种分析和行动交替进行的方法"(Brookfield,1987:23)。这正是这种方法的风险所在。从批判性的视角来看,采取行动可能会带来更多的智慧和勇气,也可能使你从小组和系统中的其他成员那里获得全面的支持。

## 批判式行动学习长什么样

批判式行动学习如何发挥作用?它最容易体现在小组的工作中,体现在为个人提供批判性反思的机会中。如果小组的基本规则允许这样做,就可以鼓励小组成员探索生活中存在的紧张、矛盾、情绪和权力动态。在专栏6-3中,一位管理者谈到了反思性工作如何改变了他们对领导力的看法。

---

**专栏6-3 我和我的领导力**

**这位管理者回顾了他们在小组中的工作:**

通过被鼓励去审视关于我的权力基础以及我在组织文化和我的专业背景下对他人的影响,我开始走向批判性反思的立场,并开始质疑我关于领导力作为一门学科的一些基本假设,以及关于我作为一个个体的假设。然而,在考虑与我个人权力和职位权力相关的问题时,我开始反思社会中的不平等和权力差异如何在组织中得到反映,显而易见的例子包括员工机会平等的问题,以及管理者/领导者需要解决他们在维持这些不平等中的个人角色。

> 我希望这能让我成为一个更好的领导者，但以一种奇怪的方式，这似乎现在不那么重要了。最重要的是，我允许自己成为一个真实的、有缺点的人，为此我更喜欢自己了。
>
> 资料来源：Trehan & Pedler（2009:46）。

这种领导力发展方法帮助参与者意识到他们自己正在使用的理论，正如卡尔（Carr）和凯姆米斯（Kemmis）所说，使他们从"假设、习惯、先例、强制这些常常看不见的约束"中解放出来（Trehan & Pedler，2009：46）。它还鼓励人们重视自己的经验，信任自己的洞察力，并培养自信去发展自己关于他们世界如何运作的理论。因此，批判性行动学习的一个成果就是帮助人们从他们的实践中创造理论，并根据他们的新思考来改进他们的实践。

除了批判性反思，批判性行动学习还强化了行动学习的价值，即从经验中获得的实践知识和实用知识，以及合作和集体工作的重要性。虽然这些实践在小组的运作中最容易看到，但如果批判性行动学习要实现其承诺，它必须对更广泛的社会结构产生影响。专栏6-4中的格拉德威尔镇案例讲述了一个由镇议会及其合作伙伴尝试的雄心勃勃的社区发展计划的故事。

### 专栏6-4　格拉德威尔镇的故事

格拉德威尔（Gladwell）是位于英国大都市边缘、人口约35万的小镇。该镇尝试在社区层面引入居民自治，并将行动学习作为其中的一部分。镇议会与包括英国国家医疗服务体系、警方和志愿组织等其他地方机构合作，获得欧洲多年提供的资金，用于推动其许多贫困社区的社会和经济复兴。这笔资金旨在推动所有相关机构将主流支出重新定向，以确保服务交付更好地反映当地优先事项。

一个合作委员会领导了这项倡议，并聘请了顾问，顾问作为其工作的一部分，协助一个由借调人员组成的行动学习小组。他们担任"社区催化师"，负责通过当地社区委员会帮助居民实现自治。这个行动学习小组在13个月内共集会15天。

### 将权力交还人民

社区催化师负责社区发展工作，该工作始于七个试点社区举行的公开会议。通过这些会议，从每个社区中选出了代表不同团体和利益的"整个系统"的当地人团队。然后，这些"设计团队"召开了几次会议，计划在每个社区举办为期两天的"大型活动"，以构建未来愿景。大型活动结束后，在等待社区委员会地方选举期间，成立了临时社区论坛。

### 社区催化师行动学习小组

随着催化师小组开始执行这项艰巨的任务安排，很明显，大多数人对这项工作的想法、目的和背景并不清楚，因此，早期投入了大量精力试图弄清楚正在发生的事情。该小组在复杂的当地系统和政治不稳定的环境中，尝试完成不熟悉的任务，并面临紧迫的截止日期。这一切导致了许多焦虑和个人不安全感。

大多数人是短期借调的，他们担心自己的"日常工作"。小组生活时而艰难，时而激动人心，时而沮丧，时而快乐；时不时能瞥见各种个人和机构的历史，但通常都隐藏在表面之下。

### 小组发展

会议压力很大，信息过载，冲突不断。从一开始，迫切要求迅速采取行动就为所有相关人员带来了一条陡峭的学习曲线。人们有很多迫切的问题：

- "我对社区工作很感兴趣，但我从未离开过委员会，我能应付得了吗？"
- "当我们站在愤怒的当地人面前时，会发生什么？"
- "我的经理不想放我走，告诉我必须承担额外的工作量。"
- "我们怎么让他们参与进来？'设计团队'应该有哪些人？"
- "委员会对这一切有多大的承诺？"
- "合作委员会怎么样了？"
- "我们得到哪些后勤支持？"

节奏很快，这些紧迫的顾虑来去匆匆。到第二次会议时，对"初创"的狂热关注已转变为对过程中下一阶段的迫切关注——"设计团队"和"大型活动"——所有这些在不同时期都像最终目标。到第三次会议时，该小组在短短三周多的时间里一起度过了四天，而到第四次会议时，已有两名成员因"日常工作"需求而退出。但到现在，小组感觉不再那么分裂，而是更加团结和坚定。从表面上看，人们的注意力再次从过程中的各个阶段转移到不同的问题上——"我们能完成吗？"和"到底有多少钱？"——以及注意不要向居民过度承诺。

此时，小组反思了小组从一个紧迫的关切迅速转向另一个，以及个人在面对看似艰巨的任务时，如何明显地进行个人发展，克服困难并继续前进。小组还注意到，他们只有在停下来以这种方式反思时，才会想起自己做了多少以及是如何做到的。

### 领导力、冲突和学习

这种快速发展体现在对某些个人和整个团队日益增长的信心上。我们早已超越了将大型活动视为自身目的的阶段，并显现出更广阔的视角。这种成熟尤其体现在与镇议会首席执行官的冲突中，他向资助者做出了承诺，并坚持在每一种情况下都遵守社区选举的时间表——

尽管催化师面临着实际困难，需要灵活性和地方适应性。经过一系列讨论，最终与整个执行团队举行了一次会议。他们认真听取了小组的意见，对催化师的经验印象深刻，并最终同意需要更加灵活。

几个月后，关于社区选举时间表的冲突再次上演，但结果相同。执行团队希望坚持承诺的5月截止日期，但催化师要求推迟到9月。在一次气氛紧张的会议上，执行团队表现得刻板僵化，催化师则明显感到愤怒。经过各种非正式谈判后，5月被改为9月。

这些事件表明了在复杂、模糊的情况下正式领导的局限性，而"学习解决问题的方法"似乎是唯一可行的途径。催化师获得了执行团队所不具备的当地知识，并通过他们对运营领导力、政策制定做出了重要贡献。反过来，通过最终理解和接受这一点，执行团队展现了他们的灵活性，并认识到了当地知识的重要性。

**扩大包容圈**

对于催化师来说，与执行团队的这些会议和讨论将社区活动置于一个更广泛的背景下。由于已经商定社区选举的时间表，因此该小组的工作再次根据一个突然明显的需求进行了重新定义，即需要让所有其他"打补丁者"参与进来。这些基于社区的工作人员来自各个镇议会部门、合作组织和试点社区中的众多志愿组织，随着他们出现在由选举产生的社区委员会中，他们在将地方优先事项"主流化"的交接工作中变得至关重要。

由于这项新任务需要招募新人、对他们进行培训和引导他们采用不同的工作方式，因此催化师的注意力也开始转向格拉德威尔镇的其他非试点社区。每个社区的"打补丁者"活动都辅以一项为期两天的"与社区同行"活动，该活动以格拉德威尔镇整体为焦点，汇集了约200名居民和工作人员。

> 催化师小组也意识到，之前对社区发展的单一关注必须与镇议会和其他合作伙伴委员会成员组织的发展工作相结合。为了使社区治理成为现实，合作伙伴组织必须改变他们的行事方式。
>
> 这一最新愿景的雄心壮志与其成功的可能性形成了鲜明对比。随着催化师合同即将到期，几位关键成员即将离开催化师小组，而新成员也蓄势待发。一些执行团队成员也在继续前行。首席执行官与催化师小组定期举行会议，现在更加侧重于格拉德威尔镇其他社区的程序实施工作。业务几乎恢复了正常。
>
> 资料来源：改编自 Attwood 等（2003:39-55）。

## 寻求组织洞见……

格拉德威尔镇的故事本可以出现在前面的章节中。例如，在第3章，行动学习催化师作为助产士和设计者的角色，在建立社区催化师小组，以及协商其与议会首席执行官和合作伙伴关系委员会的关系时显得尤为突出。它本可以在第5章中出现，以展示如何从小组运作以及议会和合作伙伴关系的政策论坛中促进组织学习。第5章中的"组织沟通的缓冲地带"概念，作为学习和行动两个层面之间的连接环节，是在格拉德威尔镇的故事中提出的。

格拉德威尔镇的故事之所以出现在本章，是因为它也展示了在组织环境中进行批判性行动学习的一些愿景。被借调的议会工作人员不情愿地接触到贫困社区的居民，这让他们失去了通常的职权和专家地位的保护，感到焦虑、脆弱且愿意学习。他们还以一种不寻常的方式接触到高级官员和政策论坛，那里的冲突和分歧变得显而易见。权力的分配和各种权力的限制是讨论的正常部分（尽管这并没有消除一些催化师之间的"权力游戏",他们都保留了自己的"日常工作")。在与社区催化师的会议中,顾问总是感到他们在争取反思的时间,但正是在这些通常忙碌行动的间歇中,从这些经验中学习到的教训变得明显并公开。

但是,是什么使得这种行动学习变得重要,而不是"传统"的行动学习呢?我们的推测是,这些学习者通过与居民和高级管理者的互动,获得了对组织微观政治的洞察,瑞文斯可能会认为这正是行动学习应有的状态。此处对批判式行动学习的论断是,它提升了对组织生活中权力关系和情感方面的重视,以及这些因素如何影响可以采取的行动和可以学到的知识。在这种情况下,行动学习并不是像有时所描述的那样,是一个简单直接的过程,即连续采取行动并积累有益的知识。这是一个更加充满风险和不可预测的过程,它的特点包括起伏不定,时而令人不安,时而令人激动,既揭示了压迫也展现了解放的可能。

我们无法确定这是否与瑞文斯的设想有所不同,但这并不重要。重要的是,这种批判性的视角在当今变得极为重要,并且具有显著的相关性,因为它在某种程度上触及了我们时代的紧迫问题。对"传统"行动学习的分析显示,由于其高度的灵活性和适应性,行动学习容易被选择性地采纳以维持现状,尤其在大型企业中。在当前时代,组织的巨大规模和权力往往令民选政府和合法权威黯然失色。在这些组织之外或之间,存在着许多社区和社会的"棘手问题"。如果批判式行动学习理论家的观点正确,那么行动学习就需要这种更锐利的锋芒,以应对这个时代的挑战和未被把握的机遇。

## ……和批判性空间

我们常常会发现很难确切地解释清楚什么是批判式行动学习。但一旦人们开始思考它,通常就会有一些"明白"的感觉。在介绍了批判式行动学习的思想之后,150位来自公共服务领域的管理者被分成不同的小组进行反思。他们的反馈出奇一致："我们需要空间，在这个空间中，我们可以分析和公开地讨论我们正在做的事情。我们经常需要做一些我们并不认同的事情，这对于个人来说有很大的压力。有机会分享这些，并考虑可以做些什么，这一点很重要。这在困难时期尤其重要。"

像基于批判性理论的任何方法一样，批判式行动学习的核心价值观是解放，即从个人心态的限制中解放出来，从集体心智和限制或伤害我们及他人的不可置疑的方式中解放出来。就这种批判性空间的结果而言，是否会减少压力，是否能够从所有的关注中解放出来，这是对价值观的一种考验。正是在这样的评价标准下，批判式行动学习的价值也许可以最清楚地区别于那些为了一方利益而牺牲他人利益的其他工具性版本。

## 鼓励批判式反思

那么，我们实际上如何实践批判式行动学习呢？上述一些例子指出了批判性反思在这一实践中的核心地位。这是什么意思？雷诺兹（Reynolds）将批判性反思和其他反思区分开来（见专栏6-5）。这四点概要提供了一个有用的检查清单，任何行动学习小组都可以用它来检查自己的实践。反思你最近的反思；它们是否符合这些标准？如果努力全部达到这些标准，将获得什么价值？

---

**专栏6-5　批判式反思**

批判式反思与其他反思的区别在于以下标准：

☐ 关注对假设的质疑；
☐ 关注社会层面而不仅仅是个人层面；
☐ 特别关注对权力关系的系统性分析；
☐ 关注从各种束缚中寻求解放。

资料来源：改编自 Reynolds（1998）。

---

## 小组中的批判式行动学习

专栏6-6提供了一个近期行动学习小组的示例。

### 专栏6-6　行动中的批判式反思

乔西绝望地来到行动学习小组寻求催化师的帮助："我很少用'憎恨'这个词，但我真的很憎恨我所在的工作小组。他们是一群新晋员工，行动学习小组本应为他们提供支持，但我的这种憎恨和恐惧对任何人都没有帮助。"

同事："请告诉我们更多关于该小组的情况。"

乔西："除了我还有五个人——三个白人男性和两个黑人女性。那些男性完全控制了整个过程，不断地贬低我和我们的服务——而女性则保持沉默——小组会议陷入了一个破坏性的循环，我离开时感到非常愤怒。"

小组继续探讨乔西如何更积极地引导小组：

同事："我记得你说过，小组由三个白人男性和包括你在内的三个黑人女性组成，我想知道小组中发生的情况在更广泛的组织中有多大程度的代表性。"

乔西："是的，在某种程度上确实如此。所有的经理都是白人男性，作为一名高级团队领导者，我知道我受到了管理团队的恐吓，甚至压制，这让我感到愤怒和沮丧。我的领悟是，我从未这样想过小组代表了整个组织。"

同事："好吧，那我可以再进一步问你——你是否将这种压制作为一种规范来示范给团队中两个新晋的黑人女性？"

乔西："你的意思是，我是否在延续一种让我不快乐的组织文化？所以在小组中我'憎恨'的不是三个成员，而是这些成员对我以及组织中的黑人女性所代表的意义，同时通过我的行为，我鼓励这两

> 个黑人女性将这种压制视为正常。"
> 
> 小组继续探讨这个新出现的问题……

这样的遭遇本可以停留在探讨乔西如何更积极地关注小组，以及她自己如何更积极地看待她作为推动者的角色。我们认为，当她的注意力被吸引到更广泛的组织结构和文化背景上时，这就变成了批判式行动学习，然后她的注意力又回到了自己在延续这种文化中的角色上，不仅是她自己，还有其他人。在随后的一次会议上，乔西报告了她获得解放的感觉，以及这种洞察力如何使她能够与小组合作，鼓励小组成员对小组作为一个微观组织进行更加批判性的思考。这种对组织的政治和文化方面的高度认识是非常强大的，甚至是危险的。在这个案例中，小组已经开会一段时间了，同事之间有一种强烈的信任感——这是批判式行动学习的重要组成部分吗？

在案例研究中，批判式行动学习是在会议中自然形成的，不过，这里有一项活动可以在小组中尝试，以鼓励批判性思维（见专栏6-7）。

---

**专栏6-7　活动1：不同的声音**

在一个成员之间相互了解和信任的行动学习小组中，可以使用以下活动来练习和加强从独立立场进行批判性思考的习惯。

当一个成员在讨论可能引起争议的行动时，暂停讨论并引入这个十分钟的活动：

1. 集思广益地列出一个不同立场的清单，这些立场是行动学习批判性声音的来源。列出的清单应与小组中的人数相匹配。

例如：

| 管理者 | 父母 |
| 首席执行官 | 老师 |

> 主要供应商　　　　邻居
> 
> 客户　　　　　　　警察
> 
> 地方政府官员　　　孩子
> 
> 环境活动家　　　　儿童心理学家
> 
> 2. 将每个角色的"声音"写在一张卡片上，并将它们面朝下放置在桌子上。
> 
> 3. 让小组成员依次随机翻开卡片，站在这些立场上提出行动建议。
> 
> 4. 当所有的声音都被倾听之后，询问行动提议者他们听到了什么，是否有新的发现，以及他们所听到的内容将如何影响他们接下来的行动。

小组可以继续根据雷诺兹的四条标准（见专栏6-5）来思考该活动的成果。他们可能会认为他们已经满足了标准1，即对假设的质疑，但是标准2、标准3和标准4的情况如何呢？

满足这三个标准可能比普通的批判性思考要求更多，可能需要批判性社会理论的支持。这可能需要暗示组织和社会往往是以掩饰不公平或使它们显得正常或自然的方式而组织起来的，并通过媒体和其他形式的文化传播方式，努力去维持这种"正常"。

用伯戈因和雷诺兹（Burgoyne & Reynolds，1997:1）的话来说，在行动学习小组中，对这种思想的应用可能会使参与者区分出：

- 有效的实践；
- 反思性实践；
- 批判反思性实践。

## 批判反思性实践

批判反思性实践（critically reflective practice，CRP）是什么样子的？

根据布鲁克菲尔德（Brookfield，2011）的说法，批判反思性实践的总体目标是培养政治敏锐性，并学习作为政治体系的组织是如何运作的。虽然这可以被看作瑞文斯微观政治思想的延伸，但现在它作为一种独立的实践得到了发展，我们能够更详细地考虑其中的技能（见专栏6-8）。

---

**专栏6-8　批判反思性实践**

批判性反思实践旨在：
- 揭示权力动态以及权力如何在社群、组织和社会中流动；
- 理解权力如何被使用，或被滥用，以及它如何被集体行使；
- 揭露意识形态操纵，理解意识形态如何嵌入微观行动和日常决策中；
- 了解我们是如何共谋将自己边缘化的，例如，当我们的行为对立场或决定造成破坏性的束缚时——"温柔地杀死你"；

认识到制度是如何管理和抵御挑战的，例如，通过"压制性宽容"（马尔库塞语），以民主的方式包容所有观点，但实际上却"削平了对话"，鼓励"知识旅游"，使主流的主导地位得以永久化。

资料来源：Authoes关于Brookfield的笔记（2011）。

---

这里有许多值得思考和采取行动的地方。回想一下你曾经处于需要妥协的情况：你在那里扮演了什么角色？或许，作为管理者，你也曾"欢迎所有意见"——当批评的声音被众多意见所淹没时，你会松一口气。

虽然这里并没有暗示"组织政治罪性"的必要性，但这种人际交往方式在组织中很常见，可能在很大程度上是无意识地用来实现短期目标的。我们中的任何人——也许除了那些具有批判性和反思性的勇敢实践者——都无法完全避免。

专栏6-9提供了另一个实践活动，用以加强批判反思性实践的力量。在活动1中，行动学习成员提高了对更广阔视角的认识，但这更多是一种普遍的批判，不一定达到社会批判的水平。在活动2中，不同的立场基于不同的价值观，这些价值观很可能对任何现有状况都持有根本的批判性。

---

**专栏6-9　活动2：可替代的立场**

　　这项活动可以通过电子邮件在行动学习小组的成员之间进行。在虚拟环境中比面对面环境下的效果更好，因为这给了每个人一些时间去思考，也许还可以解读他们的立场。

　　选择一个成员提出的特别复杂或令人困惑的问题情境。也许小组成员被置于一个复杂或"政治性"的情况中，或者他们面临一个看似不可能的困境。

　　1.面临困难情况的人首先通过电子邮件向同事简要描述他们面临的情况。在描述情况时，应包含以下立场：

- 马克思主义者
- 女性主义者
- 环保主义者
- 自由市场经济学家
- NIMBY（邻避主义者，声称支持某个项目但反对在自家附近施工的人）
- 反殖民运动者

然后为他们的同事分配不同的立场。

　　2.每个成员随后在约定的时间框架内，如一周内或下次会议前，站在被分配的立场上回复电子邮件。

　　**注意**：为了站在他们的立场上以及关于问题他们可能采取的立场上思考问题，成员可以进行他们希望的任何研究。其目的是从这一立场的价值定位角度进行思考，提出分析与行动建议。

> 3.当所有立场都公布后，发起交流的人应该总结他们从过程中获得的洞察以及任何新的问题。
>
> 4.如果可能的话，面对面会议可能最适合消化这项活动的结果，特别是帮助个人确定他们的下一步行动。

替代性立场活动可能推动任何小组超越对"普通批判性"假设的质疑，进而跨越到权力运作如何使某些事物发生或阻碍其他事物发生的更社会化的批判视角。不同的意识形态立场超越了客户和供应商之间的认知差异，尽管他们生活在同一个世界中，但对于事物的发展却有着完全不同的世界观。

专栏6-7和专栏6-9中的这两个活动是凯利（Kelly）所称的开放练习而非封闭训练（Banister & Fransella，1971:33-34），它们让你的思维打开，但并不一定会告诉你下一步该怎么做。在考虑这个棘手问题之前，要注意下面这个健康的警告，这个警告是由专栏6-8中批判反思性实践技能的研究者斯蒂芬·布鲁克菲尔德提出的。

## 批判性思考：阴暗面

在对"批判性思考情节"进行自传体分析时，布鲁克菲尔德（1994）发现，在质疑假设的同时采用替代性视角，可能会带来真正的解放，甚至可能引发他所称的"革命性的突破"。然而，这也可能产生一些非常消极的反应和感受。

细心的读者可能已经注意到，批判性思考可能会让你遇到困扰。这里将告诉你是如何遇到困扰的（见专栏6-10）。

> **专栏6-10　批判性思考：阴暗面**
>
> 布鲁克菲尔德的研究表明，从事批判性思考的人常常会遇到以下情形：
>
> □ "骗子"的感觉——对某人的价值观持怀疑态度，质疑知名人士的思想；
> □ "丧失清白"的感觉——对某人想当然的想法持质疑态度；
> □ 对他们的专业背景进行彻底分析时感到绝望；
> □ 对公认做法的批判性质疑使他们遭遇敌意，可能导致"文化的自取灭亡"。
>
> 资料来源：改编自 Brookfield（1994）。

为什么会有这些困扰呢？这是因为它们是解决重大问题过程中的一部分。正如瑞文斯一直所指出的，行动学习的"风险是不可避免的"："这些攻击，无论是针对问题的还是针对机会的，都必须承担失败的巨大风险"（2011:6）。

正是因为涉及的风险，学习才具有了意义；没有风险，就没有有意义的学习。正因为如此，瑞文斯常常将小组成员称为"逆境中的伙伴"，因为他知道行动学习者——无疑，对于批判式行动学习者来说，更是如此——需要他们所能得到的一切帮助。在小组中工作，在更广泛的系统中建立支持网络，是不可避免的角色，但对于支持这一危险的工作来说，是非常关键的。

## 行动学习者是温和的激进者

本章最后一部分的目的是鼓励人们尝试批判式行动学习，基于这样一种认识：对于我们时代棘手的问题，它可能是加强行动学习冲动的必要手段。在这些篇幅中，甚至可能隐约透露出这样的答案：如何进行批判式行动学习？希望我们已经说明了一些有用的规则，已经播下了一些种子。还有一个可能会有所帮助的想法：行动学习者是温和的激进者（Attwood）。

温和的激进者（Myerson & Scully，1995；Myerson，2003）是指那些认同他们的组织，并致力于让他们的组织变得更好，但同时又致力于一项与他们的组织的主流文化根本不同的事业、社会或意识形态的人们。他们是"想在组织中取得成功，但还想依自己的价值观或身份来生活的人，即使他们在某种程度上与他们的组织的主导文化存在着矛盾……"

温和的激进者想要融洽相处，他们想要保留那些让他们看起来有些不同的特征。他们想要颠覆现状，但他们仍然想留在船上（Myerson，2003:11）。

这些人都是激进者，不惧怕挑战现状，但他们也是温和的，是被他们以前与其所看到的不公正和无效进行斗争的经验锤炼过的。温和的激进者站在最边缘，既站在组织内部，也站在组织外部，这是他们判断行动的基础。正如迈尔森（Myerson）所说，这种矛盾的立场造成了一系列特殊的挑战和机遇。

## 结论

行动学习的批判性实践借鉴了批判性社会理论，在组织理念不再被视为理所当然，而是变得更加多元和有争议的时代，使瑞文斯的观点更加锐利。行动学习可以从批判理论中获益，但反对任何理论和理论家凌驾于实践和实践者之上的假设。批判性思维的价值得到了认可，但前提是这种思维必须是本着同行探究的精神，在共同努力采取有益行动和取得实际成果的背景下进行的。理解是重要的，但它只是通往有益行动和学习的一部分。

本章包含一些培养批判性思维和批判性反思的活动和想法，它们有助于开展批判性行动学习。它们提供了区分有效实践、反思性实践和批判性反思实践的方法。然而，这种实践必须打破固定模式，在更广泛的系统中采取行动。正如雷诺兹和文斯所说："带入以行动为基础的讨论中的想法是否有助于质疑组织内现有的实践、结构和相关的权力关系？"（2004:453）

行动学习的批判性实践不仅质疑现有的实践、结构和相关的权力关系，而且旨在更好地改变它们。这是一个很伟大的诉求。

## 我的实践笔记❻

**批判式行动学习**

联系你当前的实践，记录一些关于批判式行动学习方面的笔记。例如，你可以记下自己对以下问题的思考：

- 批判式行动学习的案例对我有说服力吗？

- 批判式行动学习是我现在所做工作的一部分吗？应该成为其一部分吗？

- 这种立场的哪个方面吸引了我，哪个方面没有吸引我？

- 我希望能获得哪些批判性反思技能？

- 我对文斯提出的"组织洞察力"有何看法？它对瑞文斯提出的"提问洞察力"有何补充？

- 我怎样才能鼓励批判式反思实践？

- 对于批判性思维的阴暗面，可以做些什么？

- 关于行动学习者是温和的激进者这个说法，我感觉如何？

**对我的实践笔记6的反思**

阅读我刚才所记录的内容，对我和我的实践来说，这些内容揭示了什么？

## 第7章

# 一种行动学习式的工作方式

## 本章概览

在探讨行动学习的目的时,本章重新回顾了瑞文斯提出的价值观。对于管理发展这一强调职业道德的行业,我们尤其需要考虑"我们的工作为何与众不同"这个问题。

关于这个问题的讨论是探索行动学习应用的起点。行动学习的应用旨在开发特定组织形式,包括催化型领导力、伙伴关系和人际网络等。这些应用将以实践案例分析和示例为基础进行阐释。这些案例分析和示例展示了行动学习在"社会"和"关系资本"方面的独特作用,这涉及人与人之间关系的质量。

有人认为,行动学习的目的、价值观和方法能够满足当前特定需求,而且未来行动学习也将成为组织常规工作的一部分。当然,这是一个长期的任务,但雄心勃勃的行动学习催化师认为他们可以帮助提升工作和组织的效能与效果。本章结尾提供了关于催化师如何发挥作用的建议,即通过催化型领导力、组织人际网络和行动学习式的工作方式的三重实践来实现。

## 章节内容

- 介绍
- 行动学习的目的
- 催化型领导力
- 发展伙伴关系
- 创建知识社区
- 人际网络组织
- 为时代需求而组织
- 我的实践笔记7

## 介绍

在第5章中，我们将行动学习催化师的角色视为组织学习的促进者。在这一角色中，催化师寻求的是鼓励将学习从行动学习小组扩展到更广泛的组织、社区或系统的方法。正如我们在第5章中所注意到的，所有致力于促进组织学习的行动学习催化师很快都会意识到，某些类型的学习和知识具有跨越任何单一系统、组织、专业或社区边界的应用潜力。

特别是关于如何执行任务的流程性知识更是如此。最有潜力进行广泛传播的是那些关于学习和工作特定方法方面的知识。这些知识产生于行动学习中，并本身就带有行动学习的特征。换句话说，我们可以将行动学习视为一种工作流程，这种工作流程能够在人们之间形成新的网络连接和新的组织方式。

在本章中，我们鼓励行动学习实践者在复杂的组织环境下重新审视他们从事行动学习的目的。在一个组织环境中，每个人都有看不见的无形体验与经历，而所有人的这些体验和经历共同构成了大家对组织运作模式的理解。这里所说的理解范围既包括组织边界内外个体之间的人际网络，也包括如何通过行动学习探索这些人际网络在发展知识社区、网络组织和合作伙伴工作方面的应用价值。

在进入这个更广阔的组织世界之前，我们再次审视行动学习的目的及其独特价值观。正如我们所看到的，行动学习有多种不同的实践流派，而且还会出现更多的变体。然而，让这些实践者依然聚集在行动学习实践大旗下的根本原因在于，他们都在努力践行某些关于关系、学习和组织的特定价值观。

## 行动学习的目的

> 所有有意义的知识都是为了行动，所有有意义的行动都是为了友谊。
>
> 瑞文斯引自Macmurray（2011：标题页——《杰出的先驱》）

浏览瑞文斯的任何著作你都会发现，他并不将自己的行动学习视为一种狭隘的哲学。与他喜欢引用的《杰出的先驱》一样，他不仅要改善组织的运作方式，而且要通过"互相帮助，以帮助无助之人"（1982：467-92），使世界变得更美好。

瑞文斯的特殊贡献在于管理和组织领域，但如果他的抱负仅限于设计一种新的管理发展方法，那么行动学习早已淡出人们的视线。虽然管理和组织发展是人们持续关注的重点，但行动学习的理念可以为人们如何共同生活、工作和学习提供更广阔的视角。

也许正是行动学习更广泛的目的和潜在价值，将实践社区紧密联系在一起，这比对任何方法或技术的共识都要强烈。行动学习的实践者多种多样，他们的个人实践可能截然不同，但如果在价值观上有着广泛的共识，那么这些实践同样可以是真正的行动学习。

### 崇尚道德的管理职业

对于瑞文斯而言，管理本质上是一种必须坚守道德的职业，因为它涉及选择正确与错误，以及对人类发展的影响。当行动学习被简化为技术或公式时，他会感到悲哀和绝望。正如前文所述，为了应对这种情况，他列出了一个长长的"什么不是行动学习"的清单（2011：77-93）。但他依然坚持行动学习并非什么新鲜事物，它只是对一些古老、深刻的思想的新解释（2011：8）：

> 如果要从历史上寻找通过实践进行学习的参考，那易如反掌。或者，可以通过在行动中测试其有效性来履行对信仰的责任：这比将行动学习的

基本思想视为通用的运动、文化、政治或信仰的本质要伟大得多。

(1982:532，我们的重点)

在被行动学习与佛教思想之间的相似性所触动后，他引用了关于痛苦的四个真理：痛苦是什么，它是如何造成的，如何停止它，以及"激发了行动学习参与者极大兴趣"的第四项——"这是能够停止痛苦的路径——这我已经宣布过了"（1982:538）。在管理领域，我们通常不会谈论痛苦。在这个世界，即使是瑞文斯的"难题"一词，也可能会引起一些问题，我们通常必须用任务、目标、目的和"挑战"来代替它进行讨论。尽管如此，我们很难忽视瑞文斯本质上的人文主义动机以及他对于改进的务实关注。在他将行动学习作为一种战略行动的最正式阐释中，"管理的价值观"构成了 α 系统的第一部分（1971:28，34-35）。

### 行动学习的特征假设

在第1章中，我们讨论了这些价值观中的一小部分，它们构成了评估我们是否在做正确的事情，以及我们所实践的是否为真正的行动学习的基础。要理解这些价值观，最好的方式是阅读"行动学习ABC"短短15页的内容（2011:1-15）。在这15页中，瑞文斯列出了行动学习的20项特征假设。这些假设只有在实践中才能得到有效的解释，我们每个人都要了解这些假设对我们意味着什么，以及它们如何能够被实施。例如，专栏7-1中的列表挑选出了其中的一小部分。

---

**专栏7-1　行动学习价值观的简短列表**

☐ 行动学习的目的在于改善，无论是为自己还是为他人。

☐ 行动学习仅对自愿参与者开放。

☐ 选定的主题必须是重要的组织或社会问题或机会。

☐ 诚实且勇敢地解决问题将使学习更加有效。

> ☐ 此类工作不能单独完成，需要他人的协助。
> ☐ 小组成员之间的相互信任和平等的发言权至关重要。
> ☐ 新问题具有特别的价值。
> ☐ 任何从行动学习中获得的收获都应在小组之外的更广泛圈子内分享。

### 我们做得对吗

每位实践者心中都要有这样一张列表，否则，我们如何知道我们所做的是否正确呢？例如，以专栏7-1中的第二个价值观为例，对于任何新客户来说，最初的质疑可能是："人们如何才能自愿参与这个项目？"这个质疑可以用多种方式提出（这是一件很有趣的事情，听一听别人是如何提出这个问题的，以及他们是否会提出这个问题）。但仅仅这样可能并不足以坚持自愿的原则，通常有必要追加一个提问："对于一个人来说，怎么可能对这个项目说'不'而不损失面子、荣誉等呢？"这个问题对于诚实的客户来说，可能会让客户感到非常不舒服，同时也是一个难以给出满意答案的问题。每位实践者都必须权衡，当他们提出这类问题时，可能承担的风险有多大。第3章中有一个戴维·凯西的例子，其中在为期八个月的项目中，向客户提出了同样的问题。我们中的许多人可能不会这样做。而且，这个问题可以在设计项目时提出，以尽可能增加自愿参与的程度。

如何做到这一点呢？尽管除了为小组提供咨询，这里并没有明确的答案。不过，一些行动学习催化师付出了相当大的努力，尝试建立可衡量的标准。

### 批判性标志、黄金标准、伦理框架和真实的行动学习

基于对瑞文斯解放理念的理解，并且出于对一些所谓的"行动学习"未能达到瑞文斯价值观要求的担忧，一些实践者确定了一些质量控制标准

来解决这个涉及鉴别问题。

威利斯列出了23页关于"瑞文斯黄金标准"的关键指标，她深入探索了各种各样的美国案例，并得出结论："不幸的是，这些案例没有提供有力的、令人信服的证据，以表明瑞文斯的理论在美国组织的实践中得到了完整应用。"（Willis，2004:25）基于这些关键指标，她构建了一个极为有效的实践图谱，图谱的两端分别是"更像行动学习"和"不像行动学习"（见图7-1）。威利斯指出，位于"更像"一端的实践者，与那些背景是"绩效技术概念"、"循序渐进的学习进程"和"分层系统"的人相比，在成人/继续教育或组织发展方面可能有更多的基础（2004:25-26）。

自我进化　　⟵⟶　　组织/干预
"更像行动学习"　　　　"不像行动学习"

图7-1　一个真实行动学习的图谱

资料来源：After Willis（2004）。

在威利斯的基础上，约翰逊（Johnson，2010）提出了一个关于高等教育小组中"真正的"行动学习的20项伦理框架，他采取的是"消费者保护"的视角。科夫兰和科夫兰将自己的研究聚焦于对行动学习研究的质疑，旨在将这种研究与其他形式的研究区分开来，他们提出了四个主要的质量评估维度（Coughlan P. & Coghlan D.，2011:175）。尽管这项工作非常有价值，但在这种编纂过程中，总是存在着一种风险，可能会失去瑞文斯所倡导的行动学习的简单性。正如他曾经对一位终于理解了行动学习含义而感到非常高兴的护士所说："很好，但现在你打算为此做些什么呢？"

### 我们产生了什么影响

价值观或标准清单可以为我们提供评价和评估进展的基础参照，帮助我们更准确地识别行动学习所带来的影响和变化。在第3章中，我们讨论了评价，并阐明了如何评价小组的工作。实际上，对于行动学习的基本评价问题始终是一致的（见专栏7-2）。

> **专栏7-2　我们改变了什么**
>
> □ 困难的问题是否得到了解决？
> □ 想法是否在行动中得到了验证？
> □ 有没有关于学习的证据，包括：
> 　（i）个人发展？
> 　（ii）小组作为集体的学习？
> 　（iii）组织学习？

这些简单的问题可以在多个层面上使用。它们可以作为检验任何项目真实性的一条经验法则；或者，如果进一步深入挖掘，它们可以在评价方面引发更广泛的讨论和参与。它们也可以广泛应用于人类的任何其他领域——家庭、团体、社区、组织或社会。

如果我们将这些目的和价值观铭记于心，那么行动学习提供了什么样的不同工作方式呢？在领导力、合作伙伴和组织的背景下，运用这些理念又意味着什么呢？

## 催化型领导力

> 问题是领导者的范畴；与谜题不同，问题的主题词是没有现成答案和固定结构的。
>
> （Revans，1982:712）

早在1965年，"管理"仍被广泛地称为"行业监管"（Revans，1980:193），而"领导力"仅涉及组织中的最高层人员。显而易见，领导力是瑞文斯关注难题而非谜题的核心，也是行动学习在任何系统中的一个显而易见的起点。今天，行动学习可能在组织的领导力项目中最为常见，这些项目通常包括对个人发展和"自身工作"的关注。

相对于这些项目中的领导力概念，我们更感兴趣的是更广义的领导力概念。这种广义的领导力涉及任何社会系统中的领导力，特别是作为一种集体能力或作为一种文化理念的领导力。鼓励人们表达他们的想法，并在组织问题上与同事协同工作，就能发展出一种分布式的集体领导能力。这就是雷林（Raelin，2003）所称的"领导型"组织（见专栏7-3）。

### 专栏7-3　一个领导型组织

*如果一个公司中只有一个领导者，就是缺乏领导力的表现。*

*——杰拉德·伊根（Gerald Egan）*

在佛蒙特州伯灵顿的一家数字设备公司看来，行动学习是领导力发展的一个重要组成部分（Adams & Dixon，1997）。作为为期九个月的"世界级领导力"项目的一部分，该项目专为经理和监管者设计，行动学习小组每周进行小组会议，旨在：

- 学习数据驱动型的问题解决技能；
- 发现并改变阻碍小组有效解决问题的"想当然"的潜规则；
- 发展重构问题和情境的能力；
- 发展高绩效团队；
- 学习教练、咨询和项目管理技能；
- 解决业务问题。

Adams和Dixon认为，随着时间的推移，对行动学习的定期投入为数字设备公司带来了大量好处，这些好处在个人、团队和组织的层面上都有所体现。

在这里，我们特别感兴趣的是这个项目是如何发展的。近年来，关于领导力的理念经历了巨大发展。命令和魅力的理念已经过时，而协作和"分权式"的模型正当其时。然而，按照组织架构和控制原则开展工作的冲动仍然根深蒂固地处于"约定俗成"的地位。我们可能常常会依赖这个基本的冲动，尽管它通常不会产生太多的领导力。

对18个国家的9万名工人进行的调查结论显示，只有21%的人在工作中是敬业的，"他们会额外多做一些"；而几乎是这个比例的两倍的人表示自己大部分时间或完全处于不敬业的状态（Hamel，2012）。对该数据的标准回应是，这是一个企业文化问题——大多数员工之所以不敬业，是因为他们认为管理者对他们冷漠而不关心。因此，答案是领导者和管理者需要践行提升敬业度的策略，构建适合有抱负和创造力员工的文化。行动学习可能是实现这一目标的一个好方法。

在创意和文化产业部门领导力发展的基础上，文纳（Venner，2009）描述了行动学习是如何帮助组织改善和提升关系质量的。这种高质量的关系使人们能够持续地进行参与、挑战和学习："它教会你在同事们解决复杂的组织挑战时如何对他们进行引导。这些技能可以直接转移到你的董事会、团队、自由企业、合作伙伴关系和组织之中，无论你的领导角色是什么。"（Venner，2009:5）文纳将这种领导力称为"催化型领导力"，并且，根据这类项目的参与者的情况，这种领导力包括一组特定的技能（Pedler，2011）：

- 专注——集中注意力；
- 倾听——倾听并理解别人说了什么，而不是把自己的观点强加于他人；
- 质疑——提出好的、批判性的疑问，使潜在的问题表面化，产生创造性的成果；
- 反思——透彻思考的能力，在行动前及行动后的理解能力；
- 学习——学习新技能，从小组情境中学习，以及从对经验的反思中学习；
- 尽量少提供解决方案——"克服提供解决方案的冲动"。

毫不奇怪，这些技能也是行动学习的一部分。这些技能代表了对领导力的另一种理解，其中"克服提供解决方案的冲动"特别引人注目。

催化型领导力是一个好主意。但是，低敬业度和组织业绩不佳可能不仅仅是文化问题。虽然专横的老板和无情的企业文化无疑会排斥人们，但可能还有一个组织结构问题。我们需要审视基于等级制度的组织蓝图，以及组织内的不对称奖励制度和官僚体制，是否越来越不适合我们的目标？

## 发展伙伴关系

作为催化型领导力的体现，行动学习鼓励协作、同伴学习和完成任务，因此在聚集人员、建立伙伴关系方面能发挥更好的作用。专栏7-4描述的案例展示了几个组织围绕共同关心的问题聚集在一起的情况。

### 专栏7-4　一个买方/供应商的合作

经过多次会议和讨论，英国某地区的一家国家医疗服务体系基金会、两家国家医疗服务体系保健产品供应商和一家制药公司共同启动了一个行动学习项目。参与者包括来自三家供应商的医生、经理和其他保健专业人员，以及高级销售和物流人员。项目的总体目标是提高供应和供应链的质量和效率。

尽管各个参与者及其发起人都认同该项目，但指导小组还是制定了一个强有力的项目选择指南：
- 项目应关注一个问题，该问题没有已知的解决方案，而不是一个已有明显解决方案的困惑；
- 项目应有潜力改善参与组织之间的关系；
- 项目应支持个体参与者的个人发展，并成为他们个人发展计划的一部分；

> □ 项目应鼓励参与者跨越自己组织的界限来冒险。
>
> 当然，每个组织都有各自的利益，但同时也存在一些共同的利益。国家医疗服务体系的采购经理希望节省开支，而供应商希望销售更多的商品和服务。每个人在共享对他人具有金融价值的信息和知识方面都承担着一定的风险。在期望更好的长期合作方面，这些风险是值得承担的。

在这个案例中，项目的目标是特定且临时性的：了解不同的需求和系统，解决变得复杂的供应安排问题。并没有创建长期关系的意图，这对于与任何供应商建立"私下协议"的信任关系来说，是不妥当的。此外，供应商之间也存在相互竞争。

### 社会资本

当人与人之间、群体与群体之间建立了关系后，这些关系往往可以持久存在，通常比雇用他们的组织的生命还要长久。在另一个案例中，一个地方当局成立了一些行动学习小组，其成员来自成人社会服务机构、社区护士和护理家庭业主。这已经是20世纪90年代初的事情了，但与邻近地区相比，在该郡的这一地区，让人们进入和离开护理机构显然仍然更加容易和快捷。

形成社会资本是行动学习的一个令人兴奋的潜在价值点（Pedler & Attwood，2011）。每当有人帮助他人时，就会产生更多的社会资本，从而增加基于信任关系的善意基金，所有合作伙伴都可以从中获益，帮助他们完成工作。有了信任，人们的交流就会更加充分，并愿意为彼此多做一些事情。但这并非火箭科学，也不可能在一夜之间或通过偶然的事件来完成。

在专栏7-5的例子中，英国的一个镇议会与其他机构建立了一个合作小组，试图改变官员与社区居民之间的关系。

---

**专栏7-5　邻里伙伴关系**

在一个人口约40万人的城市中，成立了一个由当地居民和来自不同机构及部门的官员组成的社区行动学习小组。这个小组的目标是改善地方政府、教育机构、卫生、警察、缓刑机构和其他专业机构官员与当地居民之间的关系。尽管所有机构都致力于服务当地人民，但随着时间的推移，官员的决策与当地需求之间出现了显著差距，特别是在较为贫困的社区。

行动学习小组引入了一种新的会议方式。对于大多数官员而言，常规的会议形式是委员会，具有正式的程序、议程、时间限制，以及"只讨论你的特定项目"的文化。少数能够参与此类委员会的居民通常没有太多发言权。在行动学习论坛中，时间平等共享，每个人轮流发言，讨论他们的身份、所做的工作以及他们尝试实现的目标。会议鼓励人们相互质疑，以寻找新信息并提供帮助。每次会议结束时，参与者要进行"退场核对"，明确他们在下次会议前将采取的行动。

经过大约一年的运作，这些行动学习小组取得了一些成果，包括对每个社区的规划、达成优势共识，以及对不同专业机构如何协作达成了一些新的协议。此外，还建立了新的人际关系——官员与居民之间、官员之间以及居民之间的新关系。在一次回顾会议上，参与者分享了他们的经历：

☐ 我遇到了很多新朋友、好人，我以前从未遇见过他们。

☐ 我利用这个小组讨论问题，并在参加委员会之前直接解决这些问题。当我去委员会时，我对需要什么已经更加清晰。

☐ 我在会议之间给人们打电话，他们让我接触到了我以前不知道的关系和人际网络。

> ☐ 这些会议产生了各种联系，这些联系以某种神秘但有用的方式形成。
>
> 这一过程并非没有困难。在一些社区中，很难找到居民志愿者。人们对行动学习过程不熟悉，而熟悉它需要时间。也出现了一些尴尬的问题：一些志愿者似乎代表的是自己的特殊利益，而不是社区的利益；同时，官员参加会议时获得报酬，而居民只有差旅费用。随着时间的推移，这些问题逐渐得到解决，当然在某些地区问题解决得更快，在其他地区则较慢。然而，所取得的成就也是实实在在的：新的社区规划、新的会议方法，以及最重要的是，一种兴奋感和共同努力的真实体验。

## 创建知识社区

> 懒惰的人哪，你去察看蚂蚁的动作，就可得智慧。蚂蚁没有元帅，没有官长，没有君王，尚且在夏天预备食物，在收割时聚敛粮食。
>
> 箴言6（6-8）

尽管我们不知道蚂蚁是如何做到的，但它们一直是组织模式的典范。我们知道，每个蚂蚁都自主地开展工作，但仍然有某种程度的协作，以实现社区的目标。似乎没有蚁王，蚁冢主要是由雌性组成的。也许这就是一个线索？

因为行动学习促进了伙伴关系、催化型领导力和社会资本，所以它也可以采用非结构化的组织形式，如网络和实践社区等。正如我们在第5章中所看到的，对于各类知识工作者和专业人士来说，这些组织形式越来越重要。它们围绕共同的兴趣和学习需求形成，建立伙伴关系和协作的工作本身就成为实际的组织行为。这些社区和网络的同伴关系特征，使它们特别适合行动学习小组，因为行动学习可以把大家联系在一起，像构建知识社区一样采取行动（见专栏7-6）。

> **专栏7-6　构建知识社区**
>
> 　　在知识社区和网络中，组建小组可以采取多种方式。可以通过以下方式邀请人们加入：
>
> - 邀请任何工作团队，例如正在完成某个管理人才发展项目的团队，形成他们自己的志愿小组，如果需要，为他们提供后勤支持和引导；
> - 用类似的问题或挑战将来自不同工作情境或行业的人们集中起来；
> - 组建一个成员来自不同工作团队的"监督"小组；
> - 邀请人们来解决组织面临的一个特定主题或问题领域；
> - 针对公司希望探索和积累新知识的领域，征集志愿者团队；
> - 邀请人员参加一个在线的虚拟行动学习项目，以解决某个组织难题；
> - 成立专项小组，为组织创建新的文化范例，例如改变会议或工作的典型方式方法。

专业人士的人际网络通常遵循以下运作原则：

- 有共同的目的和目标；
- 进行学习交流；
- 以分享、交流和影响为关系纽带；
- 自我发起和自我组织，而不是被管理；
- 以知识、专业和亲密程度为要素定义地位身份，而不是管理层级。

这种工作方式为社区或"关系资本"带来了增值（Cross & Parker,

2004:131-132）。如果你是一位工程师或财务总监、人力资源专家或科学家，你可能会去哪里寻找新的知识呢？作为一名专家，要想表现良好，越来越意味着要与专业机构和论坛保持联系，在这些专业机构和论坛上，很可能会发现最新的知识和"最佳实践"。

## 人际网络组织

没有一家公司可以单干。

Doz & Hamel，1998:Ⅳ

在更正式的工作领域中，伙伴关系、战略联盟、合资企业、供应链、研发合作以及培训联盟等网络组织形式日益普及。在这方面，我们见证了一个划时代的长期变化，可以将其概括为从控制结构向连接结构的转变（参见图7-2）。

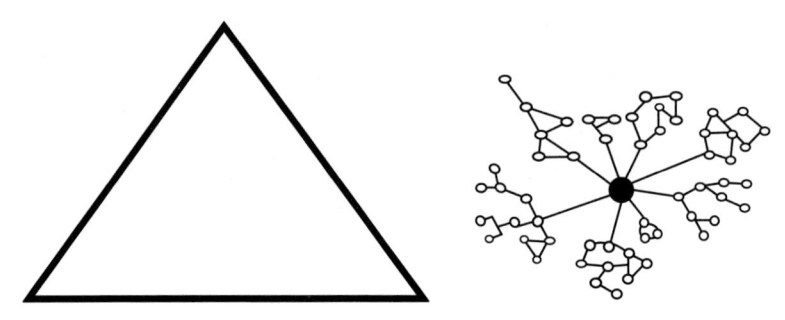

图7-2 控制结构与连接结构

人际网络结构对于某些类型的工作至关重要，从"第三部门"组织（如英国皇家救生艇协会）到英国时代（Age UK），它们都依赖于成千上万志愿者的合作以及众多私人和公共组织的协作。一些生活中最困难的挑战似乎也涉及人际网络组织。高山救援就是一个有趣的案例，只有通过复杂的协作才能挽救生命。在英国峰区（UK Peak District），高山救援需要以下几方的通力合作：

- 七支全部由志愿者组成的山地救援队，他们接受大量且定期的培训和练习，并管理资源，包括救援设备、越野车和搜救犬（这些犬需要接受两年的训练，工作寿命可能为五年到七年）；
- 三个配备直升机的空中救护车服务小组。它们都隶属于慈善机构，其资金的30%来自国家医疗服务体系；
- 四个配备救护车和医护人员的国家医疗服务体系救护车信托基金会；
- 分布在谢菲尔德、曼彻斯特、斯塔福德郡、诺丁汉和德比等城市及其他小城镇的各种国家医疗服务体系信托和创伤中心，它们都配有医疗护理专家和保健设施。

所有这些合作伙伴拥有不同的资源、动机、隶属关系、组织规则以及管理和治理结构。领导权在不同的山地救援队之间转移，因为关于受伤人员的责任和医疗用品使用等关键问题的谈判是在当地决定的，有时可能与单一组织的规则发生冲突。

在英国国家医疗服务体系内部，网络越来越成为提供高质量服务的关键。以更好的癌症护理为例，为了确保平等获取护理服务，需要大型教学医院和三级中心采取新的工作方式，他们必须学会与当地医院分享他们的专业知识和资源。在英国的22个创伤网络中，当救护车司机学会绕过他们所属的医院并立即前往适当的专科医院时，人们的生命得以挽救。

以这种网络化的方式工作的需求似乎是如此显而易见，以至于不需要进一步解释，但仍有许多工作要做。许多组织仍然基于单一的层级结构，因为这种结构被认为是计算利润或成本或质量的最佳形式。但这对于学习或有效性的其他方面肯定不适用。在孤立的单位中，问责制更简单、更容易实施，但代价是什么？例如，据说仅在赞比亚就有超过1600个外国非政府组织拥有医疗使命，它们往往相互竞争。协作的好处可能是显而易见的，但这还不是我们的做事方式（至少目前还不是）。

这就为作为人际网络组织者的行动学习催化师提供了大量机会。行动学习可以用于：

- 发展和加强来自相同或不同功能、部门或组织的人们之间的关系；
- 构建跨业务单元的非正式人际网络；
- 发展领导力、协同工作和人际沟通三方面的技能；
- 以有益的方式影响组织文化，正如我们在爱尔兰卫生委员会所看到的那样。

所有这些过程都可以在专栏7-7中看到。在这里，对变化的需求是非常明显的。现有运营系统引发的危机为新上任的高级管理者提供了一个自由的机会，去创建他们所希望的学习型组织。行动学习在这里被有意识地使用，用以开发整个组织的学习网络。

### 专栏7-7　作为一个学习型网络的医院

在20世纪90年代中期，奥地利一家城市医院的丑闻揭露了一些高级管理人员和专业人员的腐败行为。该医院雇用了大约2000名员工，包括120名管理人员，并对市议会负责。经过大量的调查和思考，一个全新的高层管理团队被任命，并开始为医院确立新的发展方向和使命。这些新的高层管理者参加了一个强化管理课程，并推动了一种"我们希望以诚信的方式在高水平上发展和表现"的氛围，他们认为这种氛围在许多员工中已经存在。

#### 发展变化过程

在医院员工中进行的一项调查揭示了一长串的挑战和问题，包括：

□ 紧张的医患关系，包括工作人员态度不友好，对病人需求的增加，以及治疗越来越复杂；

□ 医生的不满和粗鲁，以及一些参与管理的人员不守纪律；

□ 在管理者、医生与护士之间存在严重的沟通障碍；

□ 员工整体对组织几乎没有认同感，有许多被边缘化的孤立者，甚至被遗忘的群体；

- 过度集中化和缺乏透明度，看似无穷无尽的决策过程，以及对高度形式主义的沮丧；
- 吵架和指责是处理冲突的主要方式；
- 来自上级的支持不足，对于行动和计划缺乏反馈。

然而，调查还指出，仍然有许多有活力的员工，他们提出了许多改进建议。

**通过行动学习发展领导力**

作为流程优化的一部分，他们设计了一个领导力发展项目，目的是将学习和项目工作相结合，以实现必要的变革，并鼓励在员工之间建立学习伙伴关系和跨部门的合作。

在一年多的时间里，所有120名管理人员被分为20个小组，参与了六次每次两天半的会议，会议内容包括必须掌握的知识和技能。每名管理人员还选择了一个行动学习项目，与委托人（主要是部门负责人）和发起人（主要是高层管理人员）共同完成。每名管理人员负责自己项目的行动和结果的谈判工作。项目是从管理人员和参与者起草的一系列战略问题中筛选出来的，包括：

- 优化患者的就医路径；
- 病人在医院内的转移；
- 获取患者的反馈项目；
- 在培训中介绍医生；
- 构建适合残疾人的设施；
- 为护理学校提出新的使命；
- 员工满意度调查；
- 老年患者的再转移；
- 日托组织；
- 接听和拨打电话的行为；

- 药店和其他部门之间的沟通；
- 新财务安排所产生的组织结果；
- 减少浪费的措施。

在一年多的时间里，由大约六人组成的行动学习小组会举行十个整天的会议。参与者与他们的委托人协商任务的分配和对所取得进程的监督，并请求个人发起人从"宏观全局视角"提供帮助和政治支持。各方都期望从这些会议中获得学习和成长，并在他们的经验基础上进行进一步的改进。

### 个人和组织的利益

经过几年的实践，这些活动培养了一种从工作经验中学习的文化，促进了专业小组之间更加开放的交流与合作。许多参与者的倡议赢得了尊敬和认可，这些经历使得项目取得了显著的成功。除了这些实际成果，该项目也带来了个人能力的提升和态度的改善。典型的学员反馈包括：

- "对我来说，质疑已经成了一种习惯。"（护士）
- "我意识到，我们对更广泛的背景了解得更多了，对零星的东西思考得少了。"（医疗部门主管）
- "我们不会经常在讨论中迷失了：目标的明确使我们走上了正轨。"（护士长）
- 在小组和部门层面，学习小组中的新行为实践规则改变了医院员工共同工作的方式：
- "我现在有很大的自主权——我没有想到我们会获得这么多项目之外的行动自由。"（采购主管）
- "'主人翁原则'（会议的主人、议程项目的主人、任务的主人）帮助我们克服了经常出现的模糊安排问题。"（初级医生）

- □ "我很高兴，我现在可以如此之快地获得有效的信息——这对我走出自己的小组，以及与其他小组建立人际关系网络有很大的帮助。"（医院技术员）
- □ "小组成员之间的人际网络关系的发展对于预防冲突的贡献很大。"（部门医疗主管）
- □ "我期待我们的学院咨询会议，在会议上，我们彼此提供教练支持——每次，我都会从其他专业的角度发现同事的工作环境的新世界。"（经理）

学习小组的自我组织也进展顺利。经过半年的实践，"资深"学习小组邀请了一些"新人"小组的成员来分享"如何设计学习小组会议"的经验。一些参与者被小组的行动和学习节奏激发了创业者心态，他们现在可以更好地应对充满不确定性和快速变化的工作环境。借助来自多个项目的实施情况的反馈闭环，定期召开的会议构建了共同的决策和人际网络学习的结构。通过这些方式，参与者发现他们可以做出更有效的贡献。

挑战在于，如何使人际网络学习成为组织运作的核心条件，从而塑造一个更为自觉和积极的医院未来。

资料来源：改编自 Donnenberg（2011:297-312）。

## 网络化学习

正如第5章中爱尔兰的例子所示，这个奥地利医院案例表明，人际网络化的学习氛围不是一蹴而就的，而是需要持续不断地进行，可能需要数年时间。这主要得益于高层管理团队的持续关注和支持。

我们能否加速文化、结构和流程方面的这些变化？在本书的所有案例中，绩效和运营的改善都需要时间来构思、谈判、尝试和验证。这些创新的学习也是随着时间的推移而逐渐出现的。正如第3章所指出的,授权开展研究或评估项目对于这种学习是非常有益的,因为它们可以为集体反思提供手段和合法性基础。在受短期业绩驱动的组织中,这样的学习空间通常是难以找到的。确实,现实中,行动往往占据主导地位。但是,没有学习空间意味着这些行动只会倾向于自我重复,即使在某个具体时刻可能是正确的,但最终可能是错误的。

在组织世界中,几乎不可能允许从长期反思中获益,但在奥地利医院的案例中,我们有幸看到了行动学习催化师在项目结束15年后对成果的反思(见专栏7-8)。

### 专栏7-8　多南伯格谈网络化学习

我们从专栏7-7的案例中学到了什么?要为学习、创新和人际网络化工作创造合适的条件,需要做到以下几点:

1. 个体化学习可能不利于连通性。在医院这个拥有众多亚文化的分散组织中,急需整合多方力量,为患者谋福利。

2. 积极关注的态度和社会"安全网"安排是激发创业素质的必要条件。如果没有安全、温暖和认可,学习者就很难接受新的、不寻常的行为。

3. 客户个人表达需求和发起人积极创造社会空间,鼓励学员承担责任。紧张来自所经历的情况与所设想的改善之间的差异。具有正能量的人,如果能够面对面地了解客户的需求,并认识到有一个可以参与的社会空间,就能够将这种紧张关系作为一个学习机会。

4. 网络关系使行动者能够采取不寻常和陌生的行动。社交网络可以被描述为在自愿和平等的基础上联系在一起的人与人之间的直接接触和交易系统。一个组织如果面临着没有现成解决办法的问题,如果有相当数量的员工不仅学会了如何有组织地维持持续经营,而且学会了如何扩大和丰富网络，就可以减少传统和习惯的限制，为不寻常的交易创造更多的空间。

### 反思的必要性

自从20世纪90年代以来，在奥地利和德国，为了降低成本，医院之间出现了大量的合并和任务再分配。当今的医院管理者面临着：

- 工业和专业团体的相互争斗，分散了对共同利益和病人护理的注意力；
- 经济数字化的官僚主义盛行，降低了人们通过正当理由降低成本和争取预算的关注；
- 专业化程度加剧，阻碍人们看到在更大整体中的相互关系；
- 要跟上由于人口发展所带来的发病率增加的日益增长的压力；
- 由看似无限的技术发展可能性所带来的财政困难；
- 劳动力严重短缺，导致消极怠工，人们离开自己的组织和专业领域，更少的人干更多的活儿；
- 人们越来越不愿意接受自上而下强加下来的任务。

这些问题并不新鲜，新鲜的是，由于金融体系的急剧衰退和其他环境因素，这些问题加速和加剧了。在这种情况下，管理层如何才能实现可持续的解决方案和相关各方的合作？

### 什么样的反思是必要的

这里的核心命题是：反思在绝大多数情况下的必要性！行动学习提供了对基本假设以及对专业和学科、机构和组织相互合作方向的选择工作方面进行批判式反思的机会。行动学习小组成员各异，这为他们挑战现有思想，使用医院内的社交网络及外部环境网络这样的社会资本来进行学习交流提供了出色的条件。在所提出的任何网络化学习方法中，有五个特征值得引起特别的关注。

### 网络化学习的五个特征

1. 入门培训。在这里，参与者将了解医院的组织结构以及其运营领域。他们将掌握系统思维、实践反思和同伴辅导的基本技能，并发展对于如何在与他人组成的人际网络中进行学习和反思的理解。

2. 行动学习构成了组织运作的一部分。行动学习活动被视作正常的工作流程。员工不仅有权，而且有资格提交关于改进和创新的建议。这些建议随后会在本地团队以及由员工代表组成的高层团队（如工作委员会）中进行讨论。一旦机构采纳了某项建议，便会授权该员工在网络中的一位高级发起人的支持下，设计并执行行动学习项目。

3. 网络对话的互动交流。高层团队与各部门之间的沟通是网络学习的主要途径。高层团队应与各部门会面，就会议成果进行有组织的对话，讨论已取得的成果和当前的需要。这种对话可以开辟空间，让领导者充分倾听和观察，尤其是在有疑问的情况下，从而激发互动式的领导理念。师生关系的等级制度使得角色转换的机会很少，而在网络学习中，所有参与者都是基本平等的。在任何情况下，所有人都是学习者；角色的转换——从教练到被教练，从领导到追随者，从顾问到客户等——是游戏的重要组成部分。

4. 领导力是一件共同的事情。在网络化学习的框架内，领导力是一个共同的事情，这个特征变得明显了起来。在网络学习的框架内，领导力显然是一件相互的事情。领导者"给出"方向，被领导者"接受"或请求方向。被领导者也会提出或"给出"他们的奋斗目标，以及他们在哪些方面需要承担责任，这也是对领导任务的一种投入，有助于明确目标和支持方式。

5. 长期导向。这可以通过每隔一年左右举行的一系列会议，将行动学习活动联系起来。第一次会议可以专注于"社区建设"，在会议

> 上，人们再次体验到了自己具有丰富的发展潜力和机会，并意识到共同愿景的价值。第二次会议可以阐述医院的"独特的销售主张"：我们的最佳贡献点在哪里？在我们的直接环境中，我们可以在哪些地方为其他医院提供补充？医院越能提供反映本组织真正实力的独特能力中心，并与邻近的医疗机构联合开展保健中心、疗养院等地方性活动以及转型城镇运动等更广泛的活动，成本就越低，质量就越高。第三次会议的焦点可能是"应对社会课程"，以及使医院与社会日益快速的变化和转变相适应。世界力量的重新定位、气候变化和人口趋势正在创造完全不同的条件。在三到五年之后，医院会是什么样子呢？
>
> 资料来源：改编自 Donnenberg（2011:297-312）。

## 为时代的需求而组织

多南伯格关于人际网络化学习的五个特征包含了一个组织愿景：在组织中，行动学习不被视为一种培训工具，而是正常工作的一部分。为实现这一目标，领导层需要在长期的工作中树立合作意识。雄心勃勃的行动学习催化师可以把他们工作的最终成果看作是对这种更有效、更充实的工作和组织方式的贡献。

行动学习的目的是解决组织和社会中的难题或"复杂"问题。我们必须减少对技术和实践差异的担忧，更多地关注如何在困难情况下实现行动学习的价值。瑞文斯自己的职业道路为我们指明了方向，他从物理学家到业务研究员，再到学习实践者，在这一过程中，他认识到了用科学方法解决人类问题的局限性。行动学习催化师可以促进更广泛的思想转变，让人们不再把事情看作现有系统要解决的难题，而是去寻找那些永远无法最终解决，却能促使我们采用新的生活和工作方式的问题。

正如瑞文斯提醒我们的那样，行动学习的基础是关于如何应对生活中真正重大挑战的古老智慧。新的组织方式需要自我组织、分担领导责任和共同学习的能力。这就是行动学习的归属——领导、组织和学习的三重实践（见图7-3）。

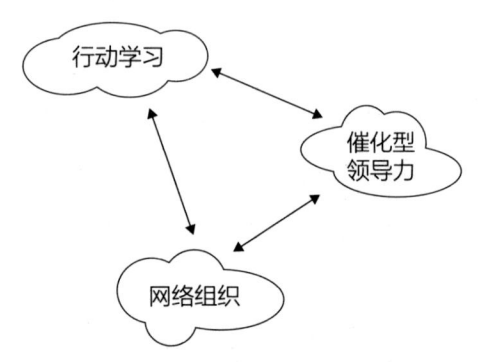

图7-3 行动学习的工作方式：领导、组织和学习的三重实践

## 我的实践笔记 ❼

### 行动学习的工作方式

联系你当前的实践,记录一些你将来想要做的事情的笔记。例如,你可以记下自己对以下问题的思考:

(i)在行动学习中,我的目的是什么?我为什么要参与?

(ii)我看到了自己在开发催化型领导力方面的投入程度了吗?这重要吗?

(iii)关于如何构建合作伙伴关系的工作环境,我看到什么样的机会?

(iv)创建知识社区——我如何在这方面使用我的技能?

(v)人际网络化组织——在实践中,这对我重要吗?

### 对我的实践笔记7的反思

阅读我刚才所记录的内容,对我和我的实践来说,这些内容揭示了什么?

# 第8章

# 发展你的实践

## 本章概览

有些早期观点认为，成为行动学习催化师是最佳的学习方法，这一观点是本章的基础。学习是一个过程，可能包括培训或教育，但无论如何，个人自我发展的努力是必不可少的。实践是学习的核心，而"知道、做到与得到"模型是构建专业实践框架的一种方法。通过对自己的行动和学习进行反思，一个人能够描述自己的实践，并探索如何进行改善。本章提出的发展流程是，每个人都应通过与其他催化师组建小组并进行协作，来创建自己的实践旅程。

本章还涵盖了如何管理焦虑和权力的内容，这些是行动学习催化师角色固有的挑战。本章内容还包括了一些减少焦虑的策略，以及正确看待权力的必要性。本章以及本书以"专业发展的过程"作为结尾——实施、分享、阅读和写作的完整闭环，这是行动学习实践者实践的核心特征。为了阐述这一点，我们使用了大量新一代行动学习催化师的实践片段来加以说明。

## 章节内容

- 介绍
- 成一名行动学习催化师
- 知道、做到与得到
- 焦虑
- 管理你的权力
- 专业发展的节奏
- 我的实践笔记8

## 介绍

本书中描述的行动学习催化师的工作既雄心勃勃又模棱两可,它提供了令人兴奋的机会,但对如何最好地完成这些任务却没有什么规定。

尽管有越来越多的授课课程(见表8-1),但行动学习催化师的工作更多的是学习,而不是传授。

**表8-1 要成为行动学习催化师的三种学习方法**

| 类　型 | 描　述 |
|---|---|
| 1. 自我学习、自我发展 | 个人实践的发展不是通过正式的授课项目来实现的,而是通过观察、共同引导、教练、反思性实践、阅读和写作等方式。这种发展无法仅通过外部因素有效提升 |
| 2. 行为规范课程或个人培训;通常基于特定的内部能力模型或行动学习方法论的教学项目 | 通常,关注引导的实践方面,以及项目提供者或客户组织所认同的实践方法。<br>可能会获得某个认证机构认可的内部培训证书。例如,"世界行动学习协会"(WIAL,2010)和"国际管理领导力"(2010)的证书。<br>其课程可能通过了外部专业机构的质量验证,例如,经过"领导力与管理学院"(2010)认证后的发展项目。可能会使用实践日志或迷你案例研究作为出勤率和完成情况达标的证据 |
| 3. 获得法定监督管理机构的资格认可,通常是符合某个公认的框架或标准的教学项目 | 通常采取广义视角来理解行动学习的不同观点,再加上对自身实践的批判式反思,并在指导下对相关背后基础概念和理论进行研究。<br>正式评估和认证资格,例如:<br>• "资格与考试监管办公室"(2010)和"领导力与管理学院"(2010)认证的行动学习催化师标准;<br>• 与"高等教育学院"(2010)标准相当的大学认证项目 |

资料来源:改编自 Abbott 和 Boydell(2012)。

教学项目的增长反映了对行动学习的不断增长的需求,而对行动学习的需求又引起了对引导技术的需求。许多有抱负的催化师作为小组成员经历了他们的第一次行动学习过程,并带着在这次经历中形成的观点来开展工作。然而,最近的需求,尤其是在大型组织中的需求,意味着那些具有人力资源、组织发展或服务/业务改进背景的其他人加入了进来，他们自身并不一定拥有这种小组经历。这可能会带来更多的培训师而非行动学习者，这种情况对行动学习既有利也有弊。

## 成为一名行动学习催化师

成为一名行动学习催化师可能涉及第二和第三种类型的培训或教育（见表8-1），但永远离不开自我发展的方法论和个人的学习努力（如表8-1中的类型1）。

在某种程度上，自我发展的实践几乎是无法教授的，这个角色是自己选择的，而不是被他人赋予的。正如第4章所指出的，个人的例子和承诺是行动学习催化师发挥价值的一个关键部分。催化师是实践者而非角色扮演者，这是一种你必须为自己选择的工作，因为在这里，技能和知识无法与工作愿望相剥离。如果你有这个愿望，你就能够学会如何去履行这个角色，随着时间的推移，你会在朋友的帮助下成为一名更好的实践者。没有愿望，你永远都不会成为行动学习催化师。

本章以前几章为基础，提供了一些关于如何成为一名行动学习催化师的帮助：这个学习过程永远不可能终结。学习引导一个小组和学习弹钢琴大相径庭，对于弹钢琴来说，一些培训通常是必要的。但是，任何人都可以在行动学习小组中作为一名催化师开展工作，那些当过小组成员的"第一次尝试者"往往会把这个角色完成得非常好（如Lowe，2010）。在行动学习中，新的实践者已经具备了对世界及他人的经验，也有了在小组中与他人合作的经验（对于助产士和组织学习角色来说，这一点应用不多，尽管这两个角色也必须在很大程度上从经验中学习）。我们常常建议在大型的行动学习项目中使用"第一次尝试者"，但前提是：①有愿意"试一试"的志愿者；②找到了支持他们在角色中进行学习的方法。

在下面的讨论中，实践的理念是核心，这个理念有多重含义。作为一名行动学习催化师，开发你的实践的最好方法是完整地经历一个行动学习过程，是通过与其他也在学习引导技巧的同事一起在一个小组中进行合作。首先来看一个关于实践发展的思考模型：知道、做到与得到（领导力与管理学院，2010）。

### 知道、做到与得到

将"知道"纳入实践进行思考是一个非常有用的方法（在领导力与管理学院模型中，"知道"既包括"陈述性知识"，也包括"程序性知识"。其中，"陈述性知识"指的是知识的工艺、命题以及这些命题的序列；"程序性知识"是"陈述性知识"的产物，它决定着作为知识结果的我们将采取的行动）。"得到"被领导力与管理学院定义为广义上的智慧——这不是一个固定的特征，而是具有多个方面，是一种文化范畴的定义，它会根据不同的社会交往、个性和价值观做出响应。"知道"与"得到"之间的动态关系影响着我们做事的方式（见图8-1）。这个模型的核心是反思的媒介功能，这种功能体现了反思性实践者的个性（Schön，1983）。这个概念在第4章和第6章中有所提及，但在这里，它成为如何发展实践的中心思想。

图8-1 知道、做到与得到

资料来源：基于领导力与管理学院的原始模型，并得到了许可。

## 反思性实践

> 反思的关键在于学会对个人行动和经历进行自我评价——换言之，是审视这段经历，而不仅是沉浸其中。通过培养对自身经历和行动进行探索和保持好奇心的能力，我们即刻开启了有目的学习的可能性——这种学习不是来自书本或专家，而是源自我们的工作和生活。
>
> （Amulya in Reynolds，2011:8）

正如我们在第6章中所指出的，反思性实践可以被视为一个三层级的反思过程，对行动学习实践者来说，反思是极其有益的（Burgoyne & Reynolds，1997:1）：

- 有效实践；
- 反思性实践；
- 批判性反思实践。

有效实践可以被描述为基于实践者专业知识的技术性反思。我们可以将其视为一种有用的问题解决方法。在反思性实践中，思想受到个人经历的影响和调整，这种经历是在个人尝试寻找替代性反应过程中产生的。舍恩（1983）将个人经历与专业发展反思联系起来，这是对主导的、专家实践的"技术理性"方法的一种修正。他所描述的反思性实践者不仅对行动进行反思，而且在行动中反思：

- 对行动进行反思是在事件后进行的，探索我们为什么做了我们所做的事情以及我们是如何做的；有时被称为"事后诸葛亮"。
- 在行动中反思可以通过将情感和生活经验与我们"实用理论"的意识相连接，被描述为"设身处地思考"。

对于任何行动学习实践者的发展而言，反思性实践的这两个方面都是至关重要的。对行动进行反思帮助我们构建了对自身专业实践的理解，而在行动中反思则能够构建新的理解,并在不断发展的情况下为我们的行动提供指导。考虑到行动学习的紧迫性本质,在行动中反思具有特定的价值。

然而,近年来,一些作者增加了第三个反思层次,并且它越来越多地被用来区分良好实践的标准。正如布鲁克菲尔德所指出的,批判性反思的特点是对实践进行更深入、更强烈的探究(1995:8),它与挑战性和争议性的人文解放理念紧密相关。这种已被广泛接受的解放理念包括帮助他人摆脱限制性观点,并激发直接的个人或小组行动。

这三个层次的反思可以被应用到知道、做到与得到模型中(见表8-2)。

表8-2 对知道、做到与得到的反思

|  | 起始阶段:<br>技术性反思 | 发展阶段:<br>反思性实践 | 批判阶段:<br>批判式反思 |
|---|---|---|---|
| 知道 | 行动学习催化的理论 | 与我的实践相关的理论 | 与解放的新可能性相关的理论 |
| 做到 | 模仿其他行动学习催化师 | 质疑行动学习的规则与理论 | 质疑自我以及行动学习的结果与目的 |
| 得到 | 与作为专家实践者的"我"相关 | 与作为反思性实践者的"我"相关 | 与作为解放性实践者的"我"相关 |

### 起始阶段:技术性反思

一个人要成为行动学习催化师,在发展的起始阶段,他们可能会专注于团队引导者的角色。

**知道**——新的团队引导者倾向于寻找新的理论来支持他们当前的立场。在这一点上,他们对角色和行动学习流程本身会有一些未经测试的假设。这可能会导致这样的结论产生,即行动学习是容易的,适合所有需求和目的:

"这是项目管理培训的答案,实现它。"

"我可以看到很多将行动学习融入我的教学之中的方式。"

"这个方法很简单——我不需要准备任何东西,它是'活在当下'。参与者会完成这项工作的。"

"在我以前所引导的项目中,人们告诉我说,这是一个神奇的过程,一旦我们有了魔法,我们就能挥动我们的学习魔杖,一切就都大功告成了!"

**做到**——在这类小组中工作是非常诱人的,很多人将发现他们在用新的和创造性的方式来工作。在这个阶段,当人们开始探索对这个角色的理解时,他们有可能去寻找模范榜样。这里有一些"第一次尝试者"的评论:

"我要回去开展工作,将该方法引入我的所有项目之中。"

"当你担心做不好的时候,不得不提出正确的问题和结构是非常让人尴尬的,你在努力地去思考如何表达出你没有问到的问题!"

"我想激励我的小组成员有更多的互动。"

"我想开启一个'在线'行动学习小组,现在需要找到这样做的方法。"

**得到**——有时候,这种早期经历可以让顾问带着对这个角色的兴奋离开,他们以为他们成了真正的信徒,想要马上开始开展工作,去传播这个理念。但有时也会有不同的反应——这不是什么新东西,而是对以前实践的一种识别归类或二次确认。无论哪种方式,关注点往往是自我和个体:

"我觉得我已经回家了。"(在学习中)

"这是奇妙的……近乎神奇的体验。"

"这真的是一项需要付出努力的工作,我心烦意乱地回家了,但是充满了想法。"

"我们是学习的主动接受者,而不是被动接受者。"

"这就像'皇帝的新衣'——我们多年来一直在做基于问题的学习。"

### 发展阶段：反思性实践

在这个阶段，催化师开始将技能、知识和理论结合起来，以开阔自己的视野。最初，他们可能过于专注于催化师的角色，没有意识到更广泛的环境。

**知道**——在这个阶段，催化师的角色范围扩展变得更加明显。在作为催化师工作了一段时间之后，他们积累了一些经验，更广泛的组织问题开始成为实践问题："我们如何获得管理者的认可？""如何将这个想法推销给组织？""如何将学习成果应用到公司中？"

"我在努力获得高级经理的支持。"

"我如何将行动学习作为一种工作方式引入？"

"你怎么知道组织氛围何时适合启动小组？"

"我们已经经历了大规模的资产重组，我不确定行动学习如何发挥作用。"

"高级经理说他们希望这样做（行动学习），但我不确定他们是否知道行动学习是什么。"

**做到**——在这个阶段，催化师寻找他们所学的规则与方法，并开始对它们提出质疑。在这个阶段，他们意识到了差异，有与其他催化师分享经验的强烈愿望，去发现他人所做的工作，去形成他们自己的工作方式。

"我已经开始更加信任小组了，毕竟他们是自己所从事工作的专家！"

"仔细想想，我创造了一种有些机械化的氛围，严格坚持一种哲学——作为提问规则的哲学——这反而阻碍了行动学习的过程。小组成员的反馈反映了这一点。"

"我不觉得我已经有了足够多的引导小组的不同方式——工具和技术越多越好。"

"我参加了一个论坛，与他人分享想法和技巧。"

"所有引导者都应该开发反思的习惯，批判和学习都有利于确保流程的有效性并保持自己诚实。"

**得到**——催化师已经将规则内化，并且也开始对规划提出质疑。现在，催化师承认自己是反思性实践者。他们开始摆脱对角色榜样的依赖，目标是作为同伴来探索彼此学习的相互依存关系：

"我已经意识到，我的角色职责是为小组成员创建一个空间。这个空间是安全的，并且能够帮助他们完成这项工作，而不是由我来做全部的事情。"

"下意识地，作为一个行动学习催化师，在起始阶段，我实际上成了问题的一部分而不是解决方案的一部分。在这个过程中，我发现自己陷入了指导的角色之中。"

"我一直在反思卡尔·罗杰斯（Carl Rogers）所说的催化师的角色就是'创造学习氛围'这一理念。"

"在小组（逆境中的伙伴）中，与其他人一起就行动学习进行阅读、思考和写作，并且记录反思日志，这对我来说，是一种非常有用的学习、反思、自我批评的实践，以及认识我可能正在做的'正确'的事情，以及我需要去做一些不同的事情的方式。"

"对我来说，更大的挑战是在组织内部建立和维护人际网络、沟通和发起等方面。在这一点上，比起我与'运筹帷幄者'和潜在小组成员之间沟通的有效性来说，我不担心我如何在一个小组的正式范围内开展工作。"

## 批判阶段：批判式反思

质疑行动学习的目的和结果，以及持续地质疑自我和实践。

**知道**——把新的可能性解放出来的相关理论。

"我已意识到，作为一名管理者，组织如何影响和塑造了我的价值观。在发展成为一名催化师的过程中，它帮助我形成了一种批判性反思实践，这种实践以质疑假设、分析权力关系以及关注解放和/或授权为特点。"

"然而，我认为在反思中，我们还需要考虑，作为这个团队中的一小部分催化师，我们以催化师小组的形式在论坛中会面，在那里我们将不断地自问——我们这样做对吗？"

**做到**——质疑自我以及行动学习的结果与目的。

"我越来越清楚地认识到，作为一名管理者，我所做的一切都是为了组织的利益；而作为一名催化师，我所做的一切都是为了组织中工作的人及其服务对象的利益——这对我来说是一个重大发现，说实话，这对同事来说也是一种解放。"

"在我自己的实践中，工作压力非常大……在这种情况下，行动学习引导要与组织变革遇到的冷嘲热讽做斗争，而这种冷嘲热讽是由存在于一群团队成员之中的高度发达的长期形成的权力关系文化所造成的。催化师可以挑战这种情况吗？"

"作为一名组织发展总监，我实施推动变革，同时也有权力决定如果他们不按照变革所需要的方式来运作的话，他们将有怎样的后果。这使我常常陷于两难的困境之中。使用行动学习方法给了我一个尝试的机会，支持那些努力实现变革的人们。"

**得到**——与催化师作为解放思想观念的专业从业者相关。在我的实践中体现在真实性和潜力方面。

"我不断地与催化师这个角色做斗争，我知道我自己的价值观和信仰，我知道我喜欢控制局面，喜欢在一个固定的日程安排中领导他人，而不是让小组自我催化来完成灵活而更为流畅的过程。"

"我对权力和压迫进行了分析，其中考虑到了我自己以及其他人的特权和劣势。"

"然而，同样不可避免的是，我对行动学习的态度有一种内在的矛盾，因为——与被压迫者的教育学相反——它首先是资本主义教育的工具，是在一个固有的压迫性和剥削性的社会和经济体系中改进过程和产品的工具。"

通过有效实践、反思性实践和批判性反思实践这些层次，行动学习实践者承诺花时间去体验在一些小组中所开展的工作，获得来自同伴的大量帮助、支持和反馈，从而得到发展。这不是一个可以预测的过程。表8-2当然是一个模型——和本书中所列的其他模型一样，对任何人的实际经验来说都不会有错。然而，这也许说明了很多催化师所经历的发展道路。

知道、做到与得到模型也可以被用作帮助你进行反思性实践的工具（见表8-3）。

表8-3　实践回顾

你可以在任何事项或关键事件发生之后使用这种方式来对你的实践进行反思

| | |
|---|---|
| **知道**<br>今天小组中所发生的事情是如何与理论框架联系起来的<br>哪些有助于我理解自己今天在小组中的所作所为 | |
| **做到**<br>现在，我想在实践中发展什么<br>关于这项工作，我现在想多做或少做一些什么 | |
| **得到**<br>在今天的实践中我表现如何<br>我感觉如何 | |

## 焦虑

如表8-3所示，通过知道、做到与得到的反思层面来发展行动学习实践是故事的一方面。另一方面，正如第6章所预示的，作为行动学习催化师不仅是一项智力活动，还涉及强烈的情感、负责任和不负责任地使用权力以及"生存焦虑"（Heron，2008）。每个从事行动学习的人都会经历这种焦虑。这种焦虑有多种表现形式，包括不知道自己是否能理解正在发生的事情,是否能理解其中的意义,不知道自己是否会被团队成员接受或拒绝,尤其是不知道自己是否能胜任并"做对"。

由于工作的不确定性,所有专业人员都可能感到焦虑,但在行动学习中,有两个基本因素加剧了这种焦虑。第一个因素是瑞文斯始终拒绝以任何单一的方式来定义行动学习,这使得人们最终无法确定是否"做对了";第二个因素是他警告人们不要以专家的身份来主持行动学习。这让新的行动学习催化师面临困境:面对满怀期望的小组成员,他们自然会向催化师寻求定义和规则,但催化师知道没有标准答案,也知道自己不应该扮演专家的角色,"参与者的期望可能是,催化师的作用是减少焦虑、领导或教导小组,因此在规划期间可能需要澄清催化师的角色,因为这两者都不符合行动学习"(Boddy,1981:4)。

处理这种焦虑有多种方法,但完全避免很难。当你想到这一点时,必然会想起瑞文斯所提出的法则,在行动学习中风险不可避免(2011:6)。在任何情况下,焦虑是任何开放式的、不可预知的以及紧急情况下的学习方法的通病。这与培训方法形成鲜明的对比,在培训方法中,我们通过课程、"最佳实践"和小组技术来约束不确定性,建立秩序。时不时地,我们中的许多人可能会发现自己滑入了培训之中,试图以这种方式避免焦虑,但这最终是一个错误。在没有正确方式的情况下,如果去做行动学习的话,你一定会陷入焦虑之中。在图8-2中,埃德蒙斯通(2003)确定了一些处理焦虑的替代方式。

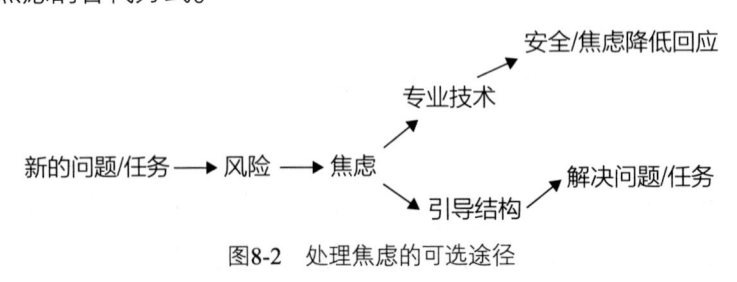

新的问题/任务 → 风险 → 焦虑 → 专业技术 → 安全/焦虑降低回应
焦虑 → 引导结构 → 解决问题/任务

图8-2 处理焦虑的可选途径

正如第3章所讨论的,减少不必要的焦虑应从"助产士"或"发起人"的角色开始。如果设置不当，行动学习中固有的不确定性很可能会被突发状况放大。如果一些人自愿参与，其他人也同意提供支持和赞助，那么从一开始就能营造出一种有利的氛围。

作为一名催化师，采用第2章和第5章讨论的自我管理式行动学习是应对焦虑的一种方式。一个有趣的替代方式是缺席新小组的第一次会议。在索尔福德大学的瑞文斯行动学习研究所，所有参与者都参与小组活动，并且在没有任何工作人员在场的情况下至少举行了第一次会议。小组成员必须相互询问他们认为自己在做什么——这与瑞文斯所设想的情景相符。这种做法与对工作人员的期望截然不同，因为工作人员在参加第二次或第三次会议时，可能会提出问题而不是提供指导。缺席第一次会议也使得小组引导者更容易在后续阶段退出。

处理焦虑的一个有效方法是表达它。然而，由于显而易见的原因，如果你是引导者，通常不宜在小组成员面前这样做——因为你的角色通常是帮助成员处理他们的焦虑。不过，随着时间的推移，引导者可以在团队中展示自己的脆弱性，实际上，这有助于团队减少对引导者的依赖。拉什（Rush，2002）提出，"足够好"的理念可以让焦虑以一种不影响主要任务的方式得到表达。这可以创造一个空间，"让个人在承认自我和焦虑的同时，允许并促进内外整合和完整性的发展"。

处理焦虑的最佳学习和支持资源，可能存在于催化师小组中。这些小组提供了通过同行监督进行学习的机会，因为成员会将他们在促进工作中遇到的问题带到小组中。如果没有催化师小组，在线网络和国际行动学习基金会（IFAL）等协会也提供了多种可能性。如果你有机会加入"催化师小组"，这可以创造一个空间，"在这个空间里，可以促进反思模式和放慢节奏，并有可能让脆弱性显现"（Yelloly & Henkel，1995:9）。这样，焦虑就能得到承认、反思和处理，而不是被忽视或压抑。

## 管理你的权力

对于行动学习实践者而言，处理自身权力的问题同样不可避免。在第2章中，我们引用了南希·迪克森的深刻见解，指出"睿智且有洞察力"的行动学习催化师的权力是多么吸引人。

一些作者认为，自瑞文斯时代以来，情况已经发生了变化，因为大多数小组都有催化师，现在这不再是一个真正的问题。我们不同意这种看法。瑞文斯的行动学习是一种同伴学习的哲学，每个人都要为自己的行动和学习承担个人责任。引导者在帮助小组走向成熟的过程中扮演着重要的角色，而意识到自己的力量以及如何运用这种力量，不仅对于保持诚实至关重要，而且对于实现小组成员的学习成果也非常重要。

在行动学习小组中，瑞文斯将催化师描述为"编外人员"，这是对他们可能承担或被赋予的任何权力的一种有益的矫正。这不仅是因为角色权力或个人威望的诱惑，而且对于成员如何学习权力和组织的微观政治同样至关重要。在任何组织或社会环境中，如果催化师认为行动学习空间是一个中立的空间，没有现存的和过去经历过的权力关系的复制，那就太天真了。

尽管催化师小组是探讨催化师工作中这些问题的理想场所，但仍有一些有益的方法可以帮助你独立反思，并在你的学习日志中记录下来。在你主持过一次非常成功的小组会议，或与高级管理人员进行过一次非常有效的会议，或者有其他成功的经验之后，可以尝试使用本恩（Benn）的民主式反思方法（见专栏8-1）。

### 专栏8-1　本恩关于权力的五个问题

如果你担任一个小组或组织的行动学习催化师，那么花一些时间来反思以下这五个问题吧。在反思过程中，依次写下你对这些问题的回应：

（1）你获得了什么权力？

（2）这些权力来自哪里？

（3）你使用这些权力是为了谁的利益？

（4）你对谁负责？

（5）我们如何放弃权力？

时不时地回顾这些笔记，提醒自己关于行动学习催化师的责任和权力。如果有机会，与其他催化师进行讨论，如果合适的话，也可以与小组成员进行讨论。

## 专业发展的节奏

最后，我们提醒大家关注实践者生活中的实践、分享、阅读和写作的循环节奏（见图8-3）。我们和行动学习实践者的合作经验与广为人知的库伯学习圈（Kolb等，1971:21-42）相一致，并且与许多类似的专业发展模式有着许多相似之处。在研究领域，伯纳提到了四种认知方式：推理、知识获取、经验主义和内省（2002:2-3）；这四种方式与上述循环相契合，即从实践（经验主义）出发，通过集中讨论（推理）、阅读（知识获取）和写作（内省）中的分享和反思来完成循环。

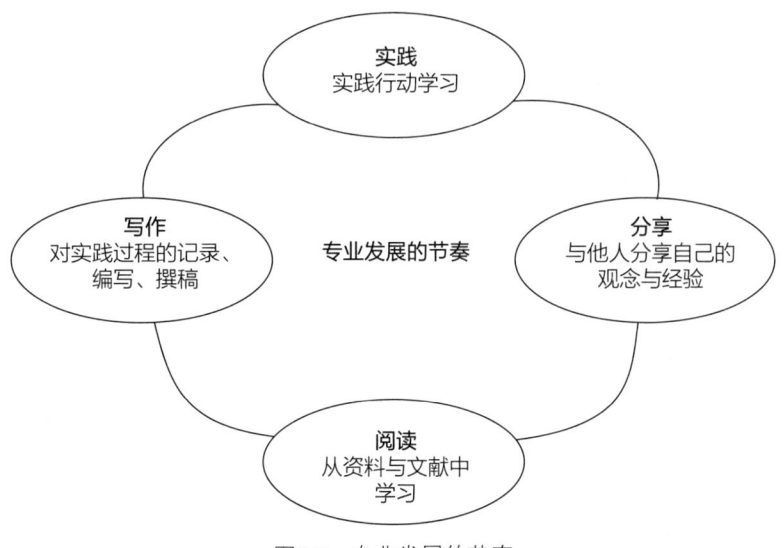

图8-3 专业发展的节奏

### 实践

实践相比于经常被提及的"素质"一词，是职业发展中一个更为有用的概念。素质意味着能力，但不一定意味着行动；它反映了过去的学习，但没有对未来新事物的需求提出建议。与素质不同，实践总是情景化的——它总是在特定的环境或背景中发生。正如瑞文斯尖锐地评论道：

> 一个人可能仅通过谈论行动（如在商学院的课程中）就学会了如何谈论行动，但要真正学会采取行动（与仅仅学会谈论行动不同），他需要亲自采取行动（而非仅仅谈论行动），并观察其效果。这种效果不是来自谈论行动（在这方面他可能显得颇具能力），而是来自实际采取的行动（在这方面他可能并不完全胜任）。

（1971:54-55，最初的强调）

实践的概念意味着学习和改善成为工作的正常组成部分。这包括个人自己的反思性实践——"把自己作为数据"（Heifetz, 1994:271）——并与实践小组和社区中的其他人合作。实践也是一个有用的词汇，因为它涵盖了一些可能具有分歧或互相排斥性的活动。

实践将个人与更广泛的小组连接在一起，也与外部世界中的挑战产生了联系：

- 我的实践：我个人的工作方式；
- 我们的实践：专业实践社区；
- 实践：为了特定的人类目的所公认的服务。

（Pedler等，2004:10）

### 分享

在本书中，我们经常推荐催化师小组。在这样的小组中，催化师可以拥有自己的空间来处理各种实践问题。催化师小组能够在催化师角色的所有方面提供帮助，从如何启动行动学习的问题，到对小组引导的质疑，以及在更大的社区或组织环境中分享小组学习的艺术等。

催化师小组是一个关于行动学习实践的共享社区。成员通过描述当前活动来提供实践，帮助他人学习，从而对组织工作产生影响。因此，小组形成了舍恩所称的发展"专业艺术"的"实习"环境（Schön，1987:16）。与瑞文斯一样，舍恩从杜威那里获得灵感：学习者不能被教会学习，但可以被帮助学习；他（学习者）必须从自己的视角出发，以自己的方式理解所使用方法与取得结果之间的关系。没有人可以帮助他看到这些，他不可能仅仅通过被"告诉"而看到这些，尽管合适的引导可以指导他去看，可以帮助他看到他需要看到的东西（Dewey in Schön，1987:16-18，最初的强调）。

催化师小组提供了一种通过实验和反思来学习实践的方式。然而，还有其他一些重要的学习方式，包括阅读他人的心得体会，以及撰写我们自己的发现，即我们自己的"实践报告"。这些有助于人们发现自身的"行动理论"，发现并纠正实践中的错误（Argyris等，1987年）。意识到自己的行动理论或内部地图，有助于我们识别自己目前的假设在哪些地方适得其反，然后通过同事富有洞察力的提问，我们可能会转向新的立场，从而产生更好的结果。

### 实践社区

实践社区可以视为行动学习小组的扩展版。根据拉弗和温格（Lave & Wenger，1991）的说法，实践社区鼓励成员在行动中彼此参与，因此，能够实现比单个成员单独行动更多的成果。实践社区提供了一种将经验丰富的"老手"和新加入的"新手"汇集在一起的方式，不仅可以培养个人实践，也可以培养集体实践。

行动学习实践社区为催化师提供了一个机会，使他们能够在小组中与他人就实践进行合作。费利（Farley，1986）指出，以这种方式公开你自己的实践意味着暴露你的希望、焦虑、担忧和潜力。行动学习实践社区的规模各不相同，从国际行动学习基金会的会员网络，到LinkedIn小组、顾问网络和其他由过去行动学习项目的参与者组成的群体，以及由更多组织的项目结束后仍然坚持独立的小组成员组成的网络。

### 阅读

阅读能够为熟悉的情境提供新的视角。正如在片场一样，这种活动常常能够促成个人的突破。培养阅读的习惯并持之以恒，是任何专业实践中至关重要的部分，它是将新思想与现有方法结合、从而产生新的和不断发展的工作方法的主要途径。通过阅读反思工作中的问题并获取深刻见解，是一种极具影响力的体验。

然而，对许多人来说，阅读往往是具有挑战性的，尤其是在处理学术材料时。一看到学术论文，就会勾起几十年前的不愉快记忆和羞耻感。这一点令人遗憾，因为期刊是新知识最初出现的地方，能够浏览期刊并有选择性地阅读，对实践者反思来说是一种重要的辅助。

为了促进阅读过程，与他人共同阅读论文会很有帮助，并且会带来意想不到的乐趣——真的！我们经常要求小组成员从两到三篇论文中选择一篇，自己阅读并做一些笔记；然后与两到三位同事一起共同学习。在汇报这些讨论的要点时，小组的其他成员可以从同伴那里获得有用的见解，同时还可以分享他们自己对不同论文的分析。这项活动不仅有助于人们熟悉一些重要的期刊论文，而且往往会对读者产生非常积极的影响，提高他们的信心水平，不仅仅是在阅读方面。

行动学习者有自己的杂志《行动学习研究与实践》，其中既有理论视角，也有实践者直接反思自己实践的内容。此外，它还涵盖了涉及学习、反思性实践、组织发展以及其他相关领域的更广泛文献。

### 写作

写作是专业实践的重要组成部分，因为它促进自我反思，并有助于将实践与理论相结合。然而，与阅读相似，一些人可能因为学校时期的经历而对写作有不良记忆,他们可能需要帮助和鼓励来提升这方面的技能。

写日记是一个有益的起点,因为它"关注写作者的学习经历本身,并试图确定特定学习经历的意义和含义,主要是对写作者而言"(Fink,2003:117)。因此,这可能并不可怕,但确实需要自律,为了帮助人们养成习惯,可以将其纳入计划或固定会议中。一旦写在纸上,通过与值得信赖的同事分享个人实践材料,往往会极大地促进对个人日记的反思和学习。

写作的下一步是将你在日记中所写的内容公开,以使更多人受益。瑞文斯的同事莫里斯曾谈到"写下来"和"写上去"的区别。写出来的内容需要让其他人能够理解,这与你在个人日记中所写的内容截然不同。不过,正如他所指出的,"如果不先写下来,就无法写上去"。

《行动学习研究与实践》杂志为撰写实践报告提供了一个框架(见专栏8-2)。这种写作分享是参与更广泛的行动学习社区并与他人交流的好方法。编辑们对草稿持开放态度,并致力于帮助你准备草稿,以便发表。

---

### 专栏8-2 实践写实指南

背景描述——时间与地点

描述你在故事中的角色(经理、行动学习小组成员、外部引导者等);你期望获得的利益和成果

使用行动学习的目的——期望与意图

涉及哪些人员?

你的想法——你运用了哪些行动学习的理念?这些理念源自何处?它们的来源是什么?

假设——在这种背景下,为什么期望通过行动学习来实现结果?

发生了什么——行动学习小组是如何组建的,采取了哪些行动,学习的引导情况如何,结果如何等?

> 成果——结果是什么，哪些方面做得好，哪些方面有待改进？你为什么会这样认为？
>
> 你获得了哪些洞见？
>
> 有哪些经验教训可以与他人分享？
>
> 资料来源：改编自"行动学习研究与实践网站"对于撰稿人的指南。

如果你正在考虑将你的实践经历撰写成文，你可能会发现专栏8-3中的框架对你有所帮助。

### 专栏8-3　放大与缩小

里斯纳（Knowles & Gilbourne，2010）认为，反思性写作的过程和对反思性经验的"故事化"可以通过三个步骤进行：

1. 重拾故事：用文字、插图和动作来回顾，再次审视自己的生活旅程，探究个人生平的细节。

2. 放大细节：针对特定的事件和问题进行深入挖掘，深入字里行间，阅读自己的话语、形态、特质、偏好、能量和意象。

3. 缩小视野：从个人叙事的独特性中揭示更广泛的主题。对于反思实践者来说，"缩小"意味着对每一个叙事进行再次反思，不仅局限于个人层面，而且能够更广泛地与促进解放性变革的批判理论进行对话。

"放大与缩小"是一种思考你如何发展你最初所写内容的有用方式。首先是故事，然后是寻找能够阐明我们希望照亮和反思的实践方面的关键时刻或事件，最后是缩小视野，看看我们所从事的工作是如何成为更广阔背景的一部分的——在这项工作中，我们的目的是什么，是为了谁的目的？这个阶段引出了批判性行动学习的问题（第6章），在这里我们在更广泛的权力动态框架内考虑我们的行动。正如文斯所说，这与其说是行动学习对组织的影响问题，不如说是组织对任何行动学习的影响问题（2012）。

缩小视野也通过在团队中的共享或公开反思大大增强，不同视角的存在有助于构建更大的图景。

## 我的实践笔记 ❽

**发展我的实践**

思考你作为行动学习催化师的实践,你可以做些什么来加速你的专业发展节奏呢?问问你自己:

1. 我是否应该考虑进行一些正式的研究,或者,我对自我发展的方法是否基本满意?

2. 在知道、做到与得到方面,我做了些什么来促进自己的反思性实践,包括反思成为一名批判性反思实践者的动机?

3. 在实践中,我是如何处理自己的焦虑的?

4. 在实践中,我是如何管理自己的权力的?

5. 如何加速我的专业成长?

**对我的实践笔记8的反思**

阅读我刚才所记录的内容,对我和我的实践来说,这些内容揭示了什么?

# 参考文献

## 引言

Pedler, M. and Abbott, C. (2008a) Lean and learning: action learning for service improvement, *Leadership in Health Services* 21(2): 87–98.

Pedler, M. and Abbott, C. (2008b) Am I doing it right? Facilitating action learning for service improvement, *Leadership in Health Services* 21(3): 185–99.

Revans, R. (2011) *ABC of Action Learning*. Farnham: Gower.

## 第 1 章

Boshyk, Y. (2011) *Ad Fontes* – Reg Revans: some early sources of his personal growth and values, in M. Pedler (ed.) *Action Learning in Practice*, 4th edn. Farnham: Gower.

Boshyk, Y., Barker, A. and Dilworth, R. (2010) Reg Revans: sources of inspiration, practice and theory, in Y. Boshyk and R. Dilworth (eds) *Action Learning: History and Evolution*. Basingstoke: Palgrave Macmillan, pp. 48–72.

Brown, N. (1991) Improving management morale and efficiency, in M.J. Pedler (ed.) *Action Learning in Practice*, 2nd edn. Farnham: Gower, pp. 135–46.

Casey, D. and Pearce, D. (eds) (1977) *More than Management Development: Action Learning at GEC*. Aldershot: Gower.

Clark, P.A. (1972) *Action Research and Organisational Change*. London: Harper & Row.

Coghlan, D. (2011) Practical knowing: the philosophy and methodology of action learning research, in M. Pedler (ed.) *Action Learning in Practice*, 4th edn. Farnham: Gower.

Grint, K. (2008) *Re-thinking D Day*. Basingstoke: Palgrave Macmillan.

Pedler, M. and Abbott, C. (2008) Am I doing it right? Facilitating action learning for service improvement, *Leadership in Health Service*, 21(3): 185–99.

Pedler, M., Burgoyne, J. and Brook, C. (2005) What has action learning learned to become?, *Action Learning: Research & Practice*, 2(1): 49–68.

Revans, R.W. (1971) *Developing Effective Managers*. New York: Praeger.

Revans, R.W. (1980) *Action Learning: New Techniques for Managers*. London: Blond & Briggs.
Revans, R.W. (1982) *The Origins and Growth of Action Learning*. Bromley: Chartwell-Bratt.
Revans, R.W. (2011) *ABC of Action Learning*. Farnham: Gower.
Trehan, K. (2011) Critical action learning, in M. Pedler (ed.) *Action Learning in Practice*, 4th edn. Farnham: Gower, pp. 163–72.
Wieland, G.F. and Leigh, H. (eds) (1971) *Changing Hospitals: A Report on the Hospital Internal Communications Project*. London: Tavistock.
Wieland, G.F. (1981) *Improving Health Care Management*. Ann Arbor, MI: Health Administration Press.

# 第 2 章

Beaty, L., Bourner, T. and Frost, P. (1993) Action learning: reflections on becoming a set member, *Management Education and Development*, 24(4): 350–67.
Bourner, T. (2011) Self-managed action learning, in M. Pedler (ed.) *Action Learning in Practice*, 4th edn. Farnham: Gower, pp. 113–324.
Casey, D. and Pearce, D. (eds) (1977) *More than Management Development: Action Learning at GEC*. Aldershot: Gower.
Donnenberg, O. (2011) Network learning in an Austrian hospital – revisited, in M. Pedler (ed.) *Action Learning in Practice*, 4th edn. Farnham: Gower, pp. 297–312.
Marquardt, M. (2004) *Optimizing the Power of Action Learning: Solving Problems and Building Leaders in Real Time*. Palo Alto, CA: Davies-Black.
Marquardt, M. (2009) *Action Learning for Developing Leaders and Organizations: Principles, Strategies, and Cases*. Boston, MA: Nicholas Brealey.
McGill, I. and Beaty, L. (2001) *Action Learning: A Guide for Professional Management and Educational Development*, 2nd edn. London: Kogan Page.
McGill, I. and Brockbank, A. (2004) *The Action Learning Handbook*. London: RoutledgeFalmer.
O'Hara, S., Bourner, T. and Webber, T. (2004) The practice of self-managed action learning, *Action Learning: Research and Practice*, 1(1): 29–42.
Pedler, M., Burgoyne, J. and Brook, C. (2005) What has action learning learned to become?, *Action Learning: Research and Practice*, 2(1): 49–68.
Pedler, M., Burgoyne, J. and Boydell, T. (2010) *A Managers' Guide to Leadership*, 2nd edn. Maidenhead: McGraw-Hill.
Revans, R.W. (1966) *The Theory of Practice in Management*. London: MacDonald.
Revans, R.W. (1971) *Developing Effective Managers*. New York: Praeger.
Revans, R.W. (1980) *Action Learning: New Techniques for Managers*. London: Blond & Briggs.

Revans, R.W. (1982) *The Origins and Growth of Action Learning*. Bromley: Chartwell-Bratt.
Revans, R.W. (2011) *ABC of Action Learning*. Farnham: Gower.
Rigg, C. (2008) Action learning for organizational and systemic development: towards a 'both-and' understanding of 'I' and 'we', *Action Learning: Research & Practice*, 5(2): 105–16.

## 第 3 章

Casey, D. (1993) *Managing Learning in Organisations*. Buckingham: Open University Press.
Cho, Y. and Bong, H.C. (2011) Action learning for organisation development in South Korea, in M. Pedler (ed.) *Action Learning in Practice*, 4th edn. Farnham: Gower, pp. 252–3.
Edmonstone, J. (2003) *The Action Learner's Toolkit*. Aldershot: Gower.
McGill, I. and Brockbank, A. (2004) *The Action Learning Handbook*. London: RoutledgeFalmer.
Nicolini, D., Sheer, M., Childerstone, S. and Gorli, M. (2004) In search of the structure that reflects: promoting organisational reflective practices in a UK health authority, in M. Reynolds and R. Vince (eds) *Organising Reflection*. Aldershot: Ashgate, pp. 81–104.
Pedler, M. (2003) *The Action Learning Toolkit*. Ely: Fenman.
Pedler, M. (2008) *Action Learning for Managers*. Farnham: Gower, pp. 20–2.
Revans, R.W. (1971) *Developing Effective Managers*. New York: Praeger.
Revans, R.W. (1982) *The Origins and Growth of Action Learning*. Bromley: Chartwell-Bratt.
Revans, R.W. (2011) *ABC of Action Learning*. Farnham: Gower.

## 第 4 章

Casey, D. (2011) David Casey on the role of the set adviser, in M. Pedler (ed.) *Action Learning in Practice*, 4th edn. Farnham: Gower, pp. 55–70.
Caulat, G. (2006) Virtual leadership, *The Ashridge Journal*, Autumn.
Caulat, G. (2012) *Virtual Leadership: Learning to Lead Differently*. Faringdon: Libri.
Caulat, G. and De Haan, E. (2006) Virtual peer consultation: how virtual leaders learn, *Organizations and People*, 13: 24–32.
Dickinson, M., Burgoyne, J. and Pedler, M. (2010) Virtual action learning: practices and challenges, *Action Learning: Research and Practice*, 7(1): 59–72.
Edmonstone, J. (2003) *The Action Learner's Toolkit*. Aldershot: Gower.
Heron, J. (1999) *The Facilitator's Handbook*. London: Kogan Page.

Lowe, K. (2010) Introducing action learning in local government: a new facilitator's experience, *Action Learning: Research and Practice*, 7(1): 83–7.
Marshall, J. (2001) Self-reflective inquiry practices, in P. Reason and H. Bradbury (eds) *Handbook of Action Research*. London: Sage, pp. 433–9.
Mead, G. (2006) Developing public service leaders through action inquiry, in C. Rigg and S. Richards (eds), *Action Learning, Leadership and Organisational Development in Public Services*. Abingdon: Routledge, pp. 155–64.
O'Hara, S., Bourner, T. and Webber, T. (2004) The practice of self managed action learning, *Action Learning: Research & Practice*, 1(1): 29–42.
Owen, H. (1997) *Open Space Technology*. San Francisco, CA: Berrett-Koehler.
Pedler, M. (2008) *Action Learning for Managers*. Farnham: Gower.
Pedler, M., Burgoyne, J. and Brook, C. (2005) What has action learning learned to become?, *Action Learning: Research and Practice*, 2(1): 49–68.
Pedler, M. and Abbott, C. (2008) Am I doing it right?, *Leadership In Health Services*, 21(3): 185–99.
Revans, R.W. (2011) *ABC of Action Learning*. Farnham: Gower.
Revans, R.W. (1982) Management productivity and risk – the way ahead, in *The Origins and Growth of Action Learning*. London: Chartwell Bratt, pp. 693–717.
Weaver, R. and Farrell, J. (1997) *Managers as Facilitators: A Practical Guide to Getting Things Done in the Workplace*. San Francisco, CA: Berrett-Koehler.
Wilson, O. (2010) From practise to practice: action learning to support Transforming Derby, *Action Learning: Research and Practice*, 7(3): 287–95.

## 第 5 章

Argyris, C. and Schön, D. (1978) *Organizational Learning: A Theory of Action Perspective*. Reading, MA: Addison Wesley.
Attwood, M., Pedler, M., Pritchard, S. and Wilkinson, D. (2003) *Leading Change: A Guide to Whole Systems Working*. Bristol: Policy Press.
Bourner, T. (2011) Self-managed action learning, in M. Pedler (ed.) *Action Learning in Practice*, 4th edn. Farnham: Gower, pp. 113–24.
Department of Health/Pathology Modernisation (2008) *Action for Change: Transforming Pathology Services through Action Learning*, November.
Garratt, R. (1990) *Creating a Learning Organisation*. London: Director Books.
Murphy, L. (2003) Leading the development of a learning organisation. Unpublished dissertation presented in part-fulfilment of the requirements of an MA in Change Management at the University of Brighton, Brighton Business School, University of Brighton.
Revans, R.W. (2011) *ABC of Action Learning*. Farnham: Gower.

Senge, P. (1990) *The Fifth Discipline: The Art and Practice of the Learning Organization*. New York: Doubleday Currency.

Tamkin, P. (2000) The impact of whole person development schemes on managers. Unpublished PhD dissertation, University of Brighton.

Wilhelm, W. (2005) *Learning Architectures: Building Individual and Organizational Learning*. New Mexico: GCA Press.

# 第 6 章

Adams, G. and Balfour, D. (1998) *Unmasking Administrative Evil*. London: Sage.

Alvesson, M. and Willmott, H. (1996) *Making Sense of Management: A Critical Introduction*. London: Sage.

Anderson, L. and Thorpe, R. (2004) New perspectives on action learning: developing criticality, *Journal of European Industrial Training*, 28(8/9): 657–68.

Attwood, M., Pedler, M., Pritchard, S. and Wilkinson, D. (2003) *Leading Change: A Guide to Whole Systems Working*. Bristol: Policy Press.

Attwood, M. (2007) Challenging from the margins into the mainstream – improving renal services in a collaborative and entrepreneurial spirit, *Action Learning Research and Practice*, 4(2): 191–8.

Banister, D. and Fransella, F. (1971) *Inquiring Man: The Theory of Personal Constructs*. Harmondsworth: Penguin.

Brookfield, S. (1987) *Developing Critical Thinkers: Challenging Adults to Explore Alternative Ways of Thinking and Acting*. Milton Keynes: Open University Press.

Brookfield, S. (1994) Tales from the Dark Side: a phenomenology of adult critical reflection, *International Journal of Lifelong Education*, 13: 203–16.

Brookfield, S. (2011) 'Critical Perspectives' talk given to ESRC seminar: The promises and problems of critical reflection, University of Birmingham, 30 June.

Burgoyne, J. and Reynolds, M. (eds) (1997) *Management Learning: Integrating Perspectives in Theory and Practice*. London: Sage.

Myerson, D.E. (2003) *Tempered Radicals: How Everyday Leaders Inspire Change at Work*. Boston: Harvard Business School Press.

Myerson, D. and Scully, M. (1995) Tempered radicals and the politics of radicalism and change, *Organization Science*, 6(5): 585–600.

Raelin, J. (2008) Emancipatory discourse and liberation, *Management Learning*, 39(5): 519–40.

Revans, R.W. (1971) *Developing Effective Managers*. New York: Praeger.

Revans, R.W. (1982) *The Origins and Growth of Action Learning*. Bromley: Chartwell-Bratt.

Revans, R.W. (2011) *ABC of Action Learning*. Aldershot: Gower.

Reynolds, M. (1998) Reflection and critical reflection in management learning, *Management Learning*, 29(2): 183–200.
Reynolds, M. and Vince, R. (2004) Critical management education and action-based learning: synergies and contradictions, *Academy of Management Learning and Education*, 3(4): 442–56.
Rigg, C. and Trehan, K. (2008) Critical reflection in the workplace: is it just too difficult? *Journal of European Industrial Training*, 32(5): 374–84.
Trehan, K. and Pedler, M. (2009) Animating critical action learning; process-based leadership and management development, *Action Learning Research and Practice*, 6(1): 35–49.
Vince, R. (2002) Organizing Reflection, *Management Learning*, 33(1): 63–78.
Vince, R. (2004) Action learning and organizational learning: power, politics and emotions in organizations, *Action Learning Research and Practice*, 1(1): 63–78.
Vince, R. (2008) 'Learning-in-action' and learning inaction: advancing the theory and practice of critical action learning, *Action Learning Research and Practice*, 5(2): 93–104.
Vince, R. (2011) Critical action learning, IFAL: *Action Learning News*, September.
Watson, T. (1994) *In Search of Management*. London: Routledge.
Willmott, H. (1994) Management education: provocations to a debate, *Management Learning*, 25(1): 105–36.
Willmott, H. (1997) Making learning critical: identity, emotion and power in processes of management development, *Systems Thinking*, 10(6): 749–71.

# 第 7 章

Adams, D. and Dixon, N. (1997) Action learning at Digital Equipment, in M. Pedler (ed.) *Action Learning in Practice*, 3rd edn. Aldershot: Gower, pp. 129–38.
Coughlan, P. and Coghlan, D. (2011) *Collaborative Strategic Improvement through Network Action Learning*. Cheltenham: Edward Elgar.
Cross, R. and Parker, A. (2004) *The Hidden Power of Social Networks: Understanding How Work Really Gets Done in Organizations*. Boston, MA: Harvard Business Press.
Donnenberg, O. (2011) Network learning in an Austrian hospital, in M. Pedler (ed.) *Action Learning in Practice*. Farnham: Gower, pp. 297–312.
Doz, I. and Hamel, G. (1998) *Alliance Advantage: The Art of Creating Value through Partnering*. Boston, MA: Harvard Business School Press.
Hamel, G. (2012) published extract from *What Happens Now: How to Win in a World of Relentless Change* (Chichester: Wiley), *The Guardian*, 10 March 2012.
Johnson, C. (2010) A framework for the ethical practice of action learning, *Action Learning: Research & Practice*, 7(3): 267–83.

Pedler, M. (2011) *Facilitating Leadership through Action Learning: The Case of the Creative and Cultural Industries*. Final Report to ALA/CLP on the CLP Leadership Facilitation Skills Programme 2008–10, January.

Pedler, M. and Attwood, M. (2011)) How can action learning contribute to social capital?, *Action Learning: Research & Practice*, 8(1): 27–40.

Raelin, J. (2003) *Creating Leaderful Organizations: How to Bring out Leadership in Everyone*. San Francisco, CA: Berrett-Koehler.

Revans, R.W. (1971) *Developing Effective Managers*. New York: Praeger.

Revans, R.W. (1980) *Action Learning: New Techniques for Management*. London: Blond & Briggs.

Revans, R.W. (1982) *The Origins and Growth of Action Learning*. Bromley: Chartwell-Bratt.

Revans, R.W. (2011) *ABC of Action Learning*. Farnham: Gower.

Venner, K. (2009) Facilitative leadership, in *The Action Learning Handbook*. London: Action Learning Associates.

Willis, V. (2004) Inspecting cases against Revans' 'gold standard' of action learning, *Action Learning: Research & Practice*, 1(1): 11–27.

# 第8章

Abbott, C. and Boydell, T. (2012) Learning to be an action learning facilitator: three approaches, in M. Pedler (ed.) *Action Learning in Practice*, 4th edn. Farnham: Gower, pp. 273–84.

Argyris, C., Putnam, R. and Smith, D. (1987) *Action Science*. San Francisco, CA: Jossey-Bass.

Boddy, D. (1981) Putting action learning into action, *Journal of European Industrial Training*, 5(5): 2–20.

Brookfield, S.D. (1995) *Becoming a Critically Reflective Teacher*. San Francisco, CA: Jossey Bass.

Bourner, T. (2002) Practitioner research and the PhD. Seminar given in the series *New Directions in Action Learning*, University of Salford, UK: Revans Institute for Action Learning and Research, 28 September 2000.

Burgoyne, J. and Reynolds, M. (eds) (1997) *Management Learning: Integrating Perspectives in Theory & Practice*. London: Sage.

Edmonstone, J. (2003) *The Action Learner's Toolkit*. Aldershot: Gower.

Farley, M. (1986) *Personal Commitments*. San Francisco, CA: Harper and Row.

Fink, L.D. (2003) *Creating Significant Learning Experiences: An Integrated Approach to Designing College Courses*. San Francisco, CA: Jossey-Bass.

Heifetz, R. (1994) *Leadership Without Easy Answers*. Cambridge, MA: Belknap Press.

Heron, J. (2008) *The Facilitator's Handbook*. London: Kogan Page.

Institute of Leadership and Management (2010) *Index of Leadership Trust*. London: Institute of Leadership and Management.

Knowles, Z. and Gilbourne, D. (2010) Aspiration, inspiration and illustration: initiating debate on reflective practice writing, *The Sport Psychologist*, 24: 504–20.

Kolb, D., Rubin, I. and McIntyre, J. (1971) *Organizational Psychology: An Experiential Approach*. Englewood Cliffs, NJ: Prentice-Hall.

Lave, J. and Wenger, E. (1991) *Situated Learning: Legitimate Peripheral Participation*. Cambridge: Cambridge University Press.

Lowe, K. (2010) Introducing action learning in local government: a new facilitator's experience, *Action Learning: Research and Practice*, 7(1): 83–7.

Pedler, M., Burgoyne, J. and Boydell, T. (2004) *A Manager's Guide to Leadership*. Maidenhead: McGraw-Hill.

Revans, R. (1971) *Developing Effective Managers*. New York: Praeger.

Revans, R. (2011) *ABC of Action Learning*. Farnham: Gower.

Reynolds, M. (2011) Reflective practice: origins and interpretations, *Action Learning Research and Practice*, 8(1): 5–13.

Rush, G. (2002) From triangle to spiral: reflective practice in social work education, practice and research, *Social Work Education*, 21(2).

Schön, D. (1983) *The Reflective Practitioner*. New York: Basic Books.

Schön, D. (1987) *Educating the Reflective Practitioner: Towards a New Design for Teaching and Learning in the Professions*. San Francisco, CA: Jossey Bass.

Vince, R. (2012) The impact of action learning, keynote address to the International Action Learning Conference, Ashridge Management School, Berkhamstead, 2–4 April.

Yelloly, M. and Henkel, M. (eds) (1995) *Learning and Teaching in Social Work: Towards Reflective Practice*. London: Jessica Kingsley.

# 致 谢

我们希望在此对诸多帮助完成本书的人们表示感谢。

首先要感谢的是那些行动学习的参与者，你们提出了极为出色的问题并且撰写了极具启发性的实践材料。你们的激情与投入是这本书的真正核心。

同时感谢凯斯（Kath）和罗格（Roger），你们的支持与挑战非常重要。

# 百年基业

GENE100

## 行动学习核心产品

### 项目类
- LDAL领导力圆桌会行动学习项目
- LDAL 领导力群策会行动学习项目
- BDAL业务圆桌会行动学习项目
- BDAL业务群策会行动学习项目

### 认证类
- ISFAL国际行动学习催化师认证项目——MP多课题认证
- ISFAL国际行动学习催化师认证项目——SP单课题认证
- ISFAL国际行动学习催化师认证项目——项目设计认证

### 工作坊类
- 业务群策群力工作坊
- 行动学习圆桌会工作坊
- 业务复盘工作坊
- 战略共创工作坊
- 团队协作工作坊

## 20年持续专精行动学习实践研究，资质过硬

百年基业成立于2005年，持续推动行动学习实践、研究与创新20年。撰写和翻译了行动学习及引导丛书共计17本之多，为中国企业行动学习的推广做出了突出贡献。

## 联合全球专家建立专业生态联盟，资源过硬

百年基业联合国际行动学习协会（ISFAL）4大洲5个国家行动学习顶尖资深专家，同时联合中国权威专业培训平台《培训》杂志社，致力于培养具有国际水准的中国企业行动学习专业人才，推动实践者的国内外交流，创新行动学习在组织发展和人才发展领域的应用。

## 专业团队经验丰富，授课老师功力深厚，师资过硬

百年基业拥有多位15年以上行动学习实操经验的催化师，所有核心催化师均获得行动学习国际认证。

## 项目口碑好，转化率高，效果过硬

百年基业成立以来成功与1000+行业头部企业合作，其中世界500强公司超过50+家，主要客户涉及银行、保险、汽车、高科技、互联网、多元化企业集团等行业。

百年基业
官方微信

勾老师
138-1013-7726

添加微信　索取　最新版完整产品手册

# International Society For Action Learning
# ISFAL国际行动学习协会

ISFAL由英国、美国、中国、澳大利亚、奥地利等国际资深行动学习专家共同发起成立。总部设在英国伦敦。旨在创新行动学习实践与理论研究，推动行动学习在全球的持续发展。

ISFAL首创行动学习认证双模式：单课题与多课题，培训后学员将获得国际认证，成为具有国际水准的行动学习专业人才。

欢迎登录ISFAL官网，查看往届峰会盛况。扫码公众号了解在中国开设的认证公开课详情。

## ISFAL国际行动学习协会认证体系

- 国际首创小组单/多课题认证体系
- 高含金量，权威机构的国际认证
- 20年+经验大咖级老师倾囊相授
- 国际视野+国内实战案例双重加持

官网访问
ISFAL国际行动学习协会

公众号
ISFAL国际行动学习研究院

齐老师
185-1467-8677
认证报名请添加微信咨询

**大师级行动学习催化师**
Master Action Learning Facilitator
**MALF**

**资深行动学习催化师**
Senior Action Learning Facilitator
**SALF**

**专业行动学习催化师-多课题**
Professional Action Learning Facilitator
(Multi-Problem)
**PALF - MP**

**专业行动学习催化师-单课题**
Professional Action Learning Facilitator
(Single Problem)
**PALF - SP**

# 反侵权盗版声明

  电子工业出版社依法对本作品享有专有出版权。任何未经权利人书面许可，复制、销售或通过信息网络传播本作品的行为；歪曲、篡改、剽窃本作品的行为，均违反《中华人民共和国著作权法》，其行为人应承担相应的民事责任和行政责任，构成犯罪的，将被依法追究刑事责任。

  为了维护市场秩序，保护权利人的合法权益，我社将依法查处和打击侵权盗版的单位和个人。欢迎社会各界人士积极举报侵权盗版行为，本社将奖励举报有功人员，并保证举报人的信息不被泄露。

举报电话：（010）88254396；（010）88258888
传　　真：（010）88254397
E-mail： dbqq@phei.com.cn
通信地址：北京市万寿路 173 信箱
　　　　　电子工业出版社总编办公室
邮　　编：100036